PROFESSORES E ALUNOS PROBLEMA: UM CÍRCULO VICIOSO

PSICOLOGIA E EDUCAÇÃO
Coleção dirigida por Lino Macedo

PROFESSORES E ALUNOS PROBLEMA: UM CÍRCULO VICIOSO

Maria Cristina Mantovanini

Casa do Psicólogo®

FAPESP

1ª Edição
2001

Editor
Anna Elisa de Villemor Amaral Güntert

Produção Gráfica & Capa
Valquíria Farias dos Santos

Editoração Eletrônica
Helen Winkler

Revisão Gráfica
Geuid Did Jardim

Dados Internacionais de Catalogação na Publicação (CIP)
(Câmara Brasileira do Livro, SP, Brasil)

Mantovanini, Maria Cristina

Professores e alunos problema: um círculo vicioso / Maria Cristina Mantovanini. — São Paulo: Casa do Psicólogo, 2001.

Bibliografia.
ISBN 85-7396-120-1

1. Criancas-problema – Educação 2. Crianças – Dificuldade de aprendizagem 3. Fracasso escolar 4. Professores de crianças-problema I. Título.

00-5283 CDD-370.158

Índices para catálogo sistemático:

1. Alunos problema e professores : Psicologia educacional 370.158
2. Professores e alunos problema : Psicologia educacional 370.158

Impresso no Brasil
Printed in Brazil

Casa do Psicólogo Livraria e Editora Ltda.
Rua Alves Guimarães, 436 Pinheiros 05410-000 São Paulo SP
Tel.: (11) 3062.4633 – Fax:. (11) 3064.5392 – e-mail: casapsi@uol.com.br

Gostaria de expressar meus sinceros agradecimentos ao Prof. Dr. Lino de Macedo, cuja preciosa ajuda foi fundamental para concretização deste livro.

Sumário

Apresentação

O presente livro corresponde a uma versão modificada de tese de doutorado, defendida na Faculdade de Educação da Universidade de São Paulo, e está sendo publicado, graças a um auxílio da FAPESP.

Trata-se do relato e análise de uma pesquisa, realizada em 24 crianças e 4 professores, da terceira série de uma escola pública. A pesquisa consistiu em observar dois grupos de crianças, sendo um deles caracterizados como bons alunos e o outro, classificado como alunos com dificuldades de aprendizagem. A observação apoiou-se na aplicação de provas operatórias de Piaget (para avaliar o nível de desenvolvimento cognitivo das crianças), de provas pedagógicas e em entrevistas com as crianças e professores. As perguntas orientadoras do presente trabalho foram, principalmente, as seguintes: qual o critério que os professores utilizam para dizer que uma criança tem, ou não, dificuldades de aprendizagem? Como explicam as causas dessas dificuldades? O que as crianças ditas, ou não, com dificuldades de aprendizagem pensam sobre si mesmas e sua conduta escolar? Qual o efeito de se conversar com os professores sobre tais questões?

Saber o que adultos ou crianças pensam sobre uma dada situação é considerado, hoje, de muito valor. A hipótese é que nossas ações são pautadas pelas significações que lhes atribuímos, ou seja, que os julgamentos que fazemos sobre as coisas de certa forma determinam nossa relação – positiva ou negativa – com elas. Nossa experiência, as decisões que tomamos, os riscos que corremos, os sentimentos que temos organizam-se, direcionam-se, apóiam-se em nossas concepções. Observá-las, tomar consciência delas, discutir ou refletir sobre elas são consideradas formas relevantes de intervenção educacional ou clínica.

Os resultados da presente pesquisa indicam que, do ponto de vista do desenvolvimento cognitivo, crianças – com ou sem dificuldades escolares – apresentam um nível de desempenho comparável. Ou seja, apresentam a mesma disponibilidade ou recursos cognitivos para aprender. A diferença está na relação sócio-afetiva com a aprendizagem. Crianças com dificuldades expressam-se de forma tímida, medrosa, auto-recriminada e defendida. São muito sensíveis ao que seus professores pensam delas. Têm, além disso, uma relação negativa, deteriorada com o processo de aprendizagem. Crianças com bom desempenho escolar expressam-se de forma confiante, tolerante ao erro e apresentam uma relação mais autônoma e positiva.

Constatou-se, também, que os professores pensam que as causas do "fracasso" escolar decorrem, sobretudo, das atitudes dos alunos em sala de aula e de seus problemas físicos e emocionais. Tais fatores são "perturbados" no contexto da família das crianças, famílias que, hoje, estão "desajustadas". Como conseqüência dessa concepção sentem-se, igualmente, vítimas de uma situação para a qual pouco podem contribuir.

Conversar com os professores, dando uma devolutiva do desempenho dos alunos nas provas avaliadas, discutir os critérios que utilizaram para classificar os alunos em bons e maus, ouvir suas "queixas" e explicações sobre o fracasso escolar pode ser de muita ajuda e alterar o destino escolar de uma criança.

O presente trabalho convida-nos – com base em uma experiência bem feita - a pensar o fracasso escolar não como uma questão de a criança ter, ou não, um certo domínio cognitivo, mas em função do que pensamos sobre ela ou sobre suas dificuldades. Ou seja, a posição em que o professor coloca a criança ou como ela mesma se coloca frente ao saber escolar, faz uma diferença significativa. O que pensamos sobre nossas dificuldades ou relações com as coisas? Como tomar consciência dessas concepções e como fazer disso um motivo de transformação? O presente trabalho, de forma prática, simples e fundamentada analisa um dos modos de se realizar isso. Mostra, também, que se os professores, de modo convincente e sincero, passarem a acreditar que seus alunos com dificuldades não são "casos perdidos", algo muda na relação e novas oportunidades de sucesso escolar abrem-se para eles.

Pelo presente estudo pode-se constatar como a avaliação é usada pelo professor e como pode alterar o destino da criança ou perturbar as relações entre eles. O professor pratica, ainda, uma forma de avaliação diagnóstica e acumulativa, ou seja, classificatória (bons e maus alunos, alunos que têm boas ou más atitudes etc.) e apenas preocupada com "causas", resultados ou conseqüências (seja no contexto da escola ou família). Além disso, expressam uma forma de avaliação em que as dificuldades "reais" apresentadas em sala de aula "confirmam" seu diagnóstico. Ao mesmo tempo, o estudo mostra como uma avaliação do tipo formativo – porque a serviço das aprendizagens - pode alterar as relações professor-aluno e mudar as posições das crianças (algumas, avaliadas como tendo dificuldades de aprendizagem, foram aprovadas) frente ao saber escolar.

É muito importante, em uma visão construtivista de pesquisa, diferenciar entre relações causais e explicações causais. Relações causais referem-se à relação de causa e efeito que determina a ocorrência de um certo fenômeno. Explicações causais correspondem às significações, teorias, hipóteses, medos etc. que nos temos sobre as coisas, sobre aquilo que atribuímos às coisas. Explicações causais referem-se, portanto, à leitura que o professor faz da situação e que interfere em sua "escrita", ou seja, no que faz concretamente em sala de aula.

O presente trabalho estudou um fenômeno complexo. Complexo, porque resultante de muitas determinações (fatores psicológicos, sociais, pedagógicos, formação dos professores, condições de trabalho, família da criança, condição social etc.), que atuam de modo indissociável. Recortar aspectos significativos deste todo, compondo um sistema complexo, porque – insisto - composto de partes dificilmente desmontáveis, analisando suas especificidades, sem desconsiderar o contexto – vivo e dinâmico – do qual esses aspectos fazem parte, é um procedimento muito importante em uma pesquisa de base construtivista. O presente trabalho, penso, caminhou nessa direção metodológica.

A presente pesquisa ao apresentar novos dados, ao mostrar com documentos que as crianças tinham as mesmas possibilidades cognitivas de aprender, ao convidar o professor a analisar os elementos que os levam a definir etc. o sucesso ou fracasso alterou suas teorias e fez com que seus julgamentos, isto é, sua avaliação se orientasse em uma direção formativa.

O estudo mostra, também, o valor na formação de professores de se levar em conta não só os aspectos específicos da matéria que ensina, mas a problemática psicopedagógica das crianças. Ou seja, indica o valor de se tomar em sério as queixas dos professores, suas concepções ou explicações, sua posição sobre o fracasso escolar, mas buscando alterar o modo como se relacionam com essas queixas. Como fazer novas perguntas sobre velhos problemas? Como "por na roda" problemas que os professores sofrem, mas que se sentem apenas vítimas ou incapazes, em sala de aula, de transformar?

Sabe-se que, agora, não se recomenda mais o uso de antigas – e insuficientes – estratégias de se lidar com as dificuldades de aprendizagem dos alunos ou com suas atitudes inadequadas no convívio em sala de aula. Ou seja, reprovar ou excluir não são mais permitidos em uma escola que se quer para todos e que assume a educação básica como um direito de todas as crianças, quaisquer que sejam suas condições de escolarização. Os alunos, apesar de suas dificuldades ou inadequações, têm direito a um percurso educacional e devem ser incluídos no contexto escolar. Por isso, é muito importante que se faça pesquisas sobre como possibilitar que alunos e professores expressem seus sentimentos ou idéias sobre essa relação pedagógica compulsória e como desenvolver formas para que ela realize-se de modo construtivo, isto é, comprometido com algo melhor para eles. Além disso, é igualmente importante que se discuta novas formas de ensino e aprendizagem, ou seja, como se praticar uma pedagogia diferenciada em função da diversidade dos tipos de alunos que agora devem se educar na escola.

O estudo mostra, finalmente, que em um contexto de formação o trabalho de "convencer" os professores e alunos é mais interessante do que tentar "convertê-los" ou lhes impor soluções ou explicações sobre uma realidade (a escolar) tão complexa. Obviamente, faz parte desse convencimento desfazer uma imagem do professor de que profissionais da saúde ou psicologia têm a resposta ou "receita" para a solução de seus problemas ou dificuldades.

Esses são alguns dos comentários, dentre tantos outros, que a leitura do trabalho me ensinou ou sugeriu. Essa foi a minha de forma de apresentá-lo ao leitor e, por esse intermédio, recomendar sua apreciação.

São Paulo, 18 de Janeiro de 2001.

Lino de Macedo

PREFÁCIO

O fracasso escolar é, infelizmente, tema atual e urgente da realidade educacional brasileira (e não apenas brasileira), e é natural que pesquisadores das universidades se debrucem sobre ele. Ora, o que tem freqüentemente acontecido é um certo divórcio e "diálogo de surdos" entre pesquisadores e professores. Para os últimos, a causa do fracasso é, em geral, visto como decorrência de uma série de carências por parte dos alunos, carências essas explicadas tanto pelas condições de ambiente (família, mídia, violência, etc.) como por dificuldades psicológicas individuais (déficit de aprendizagem, deficiência mental, indolência, etc.). Em compensação, para os primeiros (os pesquisadores) a causa do fracasso escolar costuma ser atribuída à própria escola, a seus métodos, às suas condições materiais e a formação de seus professores. É claro que estou generalizando: há professores (não poucos) que aceitam a crítica à escola, e há pesquisadores (também não poucos) que reforçam a idéia da carência das crianças (notadamente medida por vários testes psicológicos). Mas o fato é que muitos pesquisadores dizem aos professores: "seus alunos nada têm de errado; é a escola que promove seu fracasso".

Mas, seria melhor dizer, que tais pesquisadores, na prática, nada dizem diretamente aos professores: escrevem artigos e livros que são lidos pelos profissionais da educação, mas o debate acaba não ocorrendo em torno de casos particulares, de tal ou tal aluno. O debate permanece demasiadamente teórico: teorias da carência por um lado, teorias críticas à escola por outro.

Ora, é esse diálogo que Maria Cristina instaurou. Ela começou seu trabalho de forma clássica, e já freqüentemente realiza: pediu a professores que lhe indicassem alguns alunos "bons" (com boas notas e apreciados pelos professores) e alguns alunos "ruins" (com notas baixas e desempenho julgado insuficiente pelos seus mestres), e, com métodos diagnósticos da psicologia (notadamente inspirados na teoria piagetiana de desenvolvimento), analisou sua pequena amostra, não verificando nenhum superioridade dos alunos "bons" sobre os alunos "ruins". A pesquisadora poderia ter-se contentado com esses dados e escrito em suas conclusões: está mais uma vez provado que crianças que vão mal no aprendizado das matérias escolares não apresentam deficiência geral nenhuma; somente o trato que recebem em sala de aula pode explicar seu fracasso!

Porém, Maria Cristina foi além, e inovou: convidou os professores para comunicar-lhes os dados de seu diagnóstico e discuti-los com eles. Ou seja, ela rompeu o divórcio ao qual me referi e instaurou o diálogo. Promoveu uma discussão entre professores, que atribuíam o fracasso de alguns de seus alunos a fatores extra-escolares e sua postura pessoal (alicerçada sobre seus dados de pesquisa) de que tais alunos eram perfeitamente "normais", portanto em perfeita condição de igualdade em relação aos demais no que tange ao desenvolvimento cognitivo e à compreensão da alfabetização.

A promoção desse dialogo por si só dá singularidade e riqueza ao texto. Finalmente "campos opostos" discutem, medem seus argumentos. E em vez de os professores limitarem-se a ler textos sobre as responsabilidades da escola sobre o fracasso, eles podem pensar sobre alunos específicos, com diagnósticos psicológicos precisos. Estes diálogos, apresentados e bem analisados por Maria Cristina, merecem ser lidos e meditados. Como merecem ser meditados dois outros resultados de seu trabalho de Doutorado.

O primeiro feliz: todos os alunos "ruins" acabam melhorando seu desempenho e passando de ano! Trata-se de mais um exemplo da eficácia das profecias auto-realizadoras, já bem conhecidas pela psicologia: a previsão do fracasso gera fracasso. Isso vale para os alunos, mas também para os professores! Criticados pela mídia e pelas universidades, eles começam a se ver como incompetentes e acabam por prever-se como profissionais de pouco sucesso – e geram insucesso.

Ora, é exatamente este o segundo resultado notável do trabalho de Maria Cristina: nas suas conversas com os professores, ela verifica o quanto a presença da humilhação é grande, o quanto o desânimo é presente, o quanto as esperanças são poucas. Quem sabe até se o fato de os alunos "ruins" terem-se tornado "bons" não provém, além de seus professores vê-los com novos olhos, de eles mesmos, os professores, verem a si próprios com mais confiança e mais competência? A postura sincera e generosa da pesquisadora nos seus diálogos com eles (ela não chegou com a arrogância do universitário que traz a "verdade" de seus diagnósticos, mas sim apenas com um "dado" a ser discutido com eles), portanto o respeito com o qual os tratou e a seriedade daquilo que com eles discutiu, talvez tenha iluminado umas poucas pessoas que se mostravam descrentes de seu trabalho. De nada adianta pedir aos professores que digam a seus alunos "vocês podem!" se nós, da universidade, dizemos a eles: "vocês nada entendem de aprendizagem".

Nesse sentido, o trabalho de Maria Cristina, além de sério, bem fundamentado e inovador no método, também é um alerta sobre as condições psicológicas do trabalho dos professores, condições essas que, queiramos ou não, influem na vida escolar. Sem confiança em si e sem auto-respeito, não há método, não há didática que possa dar certo.

Yves de La Taille
Instituto de Psicologia – USP

Resumo*

Visando contribuir para uma melhor compreensão do fenômeno do fracasso escolar no ensino fundamental 1, analisou-se a visão que o professor possui a respeito daquilo que denomina *dificuldade de aprendizagem* e *aluno problema*.

O diagnóstico psicopedagógico aplicado a dois grupos de alunos – um formado por crianças com problemas de aprendizagem (*alunos problema*) e outro composto por alunos com bom desempenho escolar, segundo avaliação dos seus professores – revelou que a principal diferença entre os grupos encontrava-se nas atitudes face aos desafios propostos no diagnóstico, e não no nível de desenvolvimento cognitivo. A discussão com os professores sobre os critérios utilizados para alocação das crianças nos grupos e os resultados do diagnóstico psicopedagógico permitiram criar uma situação em que eles refletiram sobre suas hipóteses a respeito da não-aprendizagem de alunos que possuíam recursos cognitivos semelhantes aos de colegas que tinham um desempenho escolar julgado adequado.

A análise dos resultados do diagnóstico psicopedagógico e das opiniões expressas pelos professores levou às seguintes conclusões: a) *alunos problema* assumem o julgamento de seus professores a respeito do seu desempenho em classe, desacreditam em sua capacidade de pensar e desenvolvem atitudes em sala de aula que reforçam a visão que o professor possui deles; b) os

* Palavras-chave: malogro escolar; dificuldades de aprendizagem; aluno problema.

critérios utilizados pelos professores para avaliar o rendimento escolar dos seus alunos referenciam-se mais nas atitudes expressas em classe do que no nível de produção escolar; c) na busca das causas das dificuldades de aprendizagem dos seus alunos, os professores elegem com freqüência excessiva fatores de ordem extra pedagógica, o que remete para outros profissionais a tarefa de auxiliar seus *alunos problema* e impede a intervenção docente em sala de aula, levando-os a um sentimento de fracasso e impotência; d) os professores discriminam e excluem seus *alunos problema* na mesma proporção e violência com que se sentem excluídos e sem preparo para atendê-los; e) perceber que seus alunos problema não são *casos perdidos* é importante para que os professores possam recuperar a confiança na sua capacidade de ensinar.

1

O FRACASSO ESCOLAR E AS DIFICULDADES DE APRENDIZAGEM

O fracasso escolar no Brasil é um problema que atinge um número cada vez maior de alunos do ensino fundamental, principalmente na escola pública. Apesar das várias tentativas de compreensão do fenômeno, visando ao desenvolvimento de estratégias de combate mais eficazes, muito se tem que caminhar: os altos índices de repetência e abandono da escola mostram que ainda estamos tateando neste assunto.

Vários pesquisadores têm se debruçado sobre este problema que assola a educação brasileira e, na busca por explicações para o malogro escolar, ora responsabilizam os alunos e suas famílias, ora procuram na instituição de ensino o porquê de tantos alunos não conseguirem se escolarizar. As explicações produzidas ao longo das últimas décadas podem ser agrupadas em três grandes grupos de reflexão: um primeiro que assume o enfoque orgânico; um que enfatiza o lado psicológico e a influência do ambiente externo; e, por último, um grupo mais recente que procura tratar as questões da aprendizagem e do fracasso escolar numa perspectiva multidimensional e interdisciplinar.

O fato é que, apesar dos vários estudos, a porcentagem dos alunos que não atingem os objetivos exigidos pelo ensino fundamental continua assustadora. Na escola onde esta pesquisa foi realizada, por exemplo, cerca de 40% dos alunos foram apontados pelos professores como portadores de dificuldades de aprendizagem. É inegável que uma parcela importante das crianças brasileiras não se beneficia da escola, ou porque não tem acesso a ela, ou porque é "expulsa" antes de completar as primeiras séries do ensino fundamental. Desse modo, é forçoso reconhecer que a escola tem fracassado na sua função de ensinar e socializar os conhecimentos produzidos pela humanidade: o conhecimento, propriedade de todos, acaba se tornando privilégio de alguns.

Segundo Patto[1], analisar o fracasso escolar implica compreender como as idéias a respeito do que é dificuldade de aprendizagem (e, portanto, o que faz o aluno não se beneficiar do ensino que recebe) foram produzidas ao longo dos anos, no pensamento educacional brasileiro. Esta autora nos adverte que as concepções a respeito do fracasso escolar no Brasil têm uma história e que, para podermos compreender como tais idéias apareceram, é preciso que conheçamos a realidade social na qual foram produzidas. Para a referida autora, a origem dessas idéias assenta-se no modo capitalista de pensar, instituído nos países do leste europeu e da América do Norte durante o século XIX.

No século XIX consolida-se o capitalismo industrial. A maior parte dos regimes políticos monárquicos é extinta e a burguesia, além do poder econômico, passa a deter o poder político. Com o avanço do capitalismo industrial, os ideais burgueses de igualdade e fraternidade do século XVIII e início do século XIX vão sendo colocados de lado, pois, com o aprofundamento das contradições inerentes a este sistema de produção, fica cada vez mais longínqua a possibilidade de uma sociedade fraterna e igualitária para todos. A partir daí surge a necessidade de justificar as desigualdades inerentes à sociedade de classes: será por meio dos avanços científicos e de formulações teóricas que se buscará a explicação para as desigualdades da sociedade emergente.

> *A sociedade burguesa desse período estava confiante e orgulhosa de seus sucessos. Em nenhum outro campo da vida humana isso era mais evidente que no avanço*

1. PATTO, M. H. S. A *produção do fracasso escolar.*

do desenvolvimento da ciência. Os homens cultos desse período não estavam apenas orgulhosos de suas ciências, mas preparados para subordinar todas as outras formas de atividades intelectuais a elas. O método positivo e científico era o triunfo dos últimos dos estágios através dos quais a humanidade precisava passar.[2]

Essa crença no cientificismo, na possibilidade da existência de um conhecimento certo e seguro alcançado mediante a aplicação de um método e da racionalidade empírica aparece, na verdade, no final do século XVI, com Francis Bacon[3], o precursor da chamada ciência moderna e positiva. Será, porém, somente a partir do século XIX que as idéias de Bacon tomarão impulso, gerando uma concepção de ciência que dominará o pensamento científico até os nossos dias, produzindo na cultura ocidental a convicção de que o saber, oriundo da pesquisa científica, amplia a possibilidade do fazer, a tecnologia.

Como bem lembrou Hobsbawm (op. cit.), a ciência positiva, ao operar com fatos objetivos e precisos, rigidamente ligados entre si numa cadeia de causas e efeitos, produzindo leis uniformes e invariantes, era a chave mestra para o entendimento do Universo. Os estágios anteriores da humanidade, pautados na superstição e na especulação metafísica, tinham finalmente se encerrado e um novo mundo iniciava-se, brindado pela ciência positiva. Ainda segundo Hobsbawm, de todas as teorias surgidas ao longo do século XIX, a que melhor representa a concepção positiva de ciência é a Teoria Evolucionista de Charles Darwin, que, ao colocar o homem dentro do esquema da evolução biológica, aboliu a linha divisória entre as ciências naturais e as ciências humanas e sociais.

A Psicologia, surgida como ciência independente neste período, demonstra de modo exemplar como algumas áreas de conhecimento utilizaram os princípios da biologia na construção

---

2. HOBSBAWN, E. *A era do capital*, p. 140.

3. BACON, F. *El avanzo del saber.*

de seu corpo explicativo. Acabou-se por transferir para o homem e para o social as mesmas leis que regem a natureza. O comportamento humano, objeto de estudo da psicologia, é medido e controlado nos laboratórios de psicologia experimental. Patto[4] ressalta que alguns testes de inteligência que surgem neste período buscam comprovar que a capacidade intelectual é fruto de aptidões naturais e humanas, herdadas geneticamente.

Ainda segundo esta autora, as teorias racistas, junto com os estudos psicológicos, servirão para justificar tanto as diferenças individuais quanto as desigualdades sociais. No que tange à escola, os testes procurarão explicar as diferenças de rendimento dos alunos e o acesso diferenciado aos diversos graus de escolarização. Este conhecimento produzido cientificamente, portanto verdadeiro e único, será a base do pensamento reinante entre psicólogos e educadores a respeito das causas do fracasso escolar.

De fato, foi o enfoque orgânico o primeiro a orientar médicos, educadores e terapeutas na definição dos problemas de aprendizagem. Nesta concepção, nascida no início do século XX no bojo do grande desenvolvimento das ciências médicas e biológicas, especialmente da psiquiatria, são estimulados os estudos neurológicos, neurofisiológicos e neuropsiquiátricos, desenvolvidos em laboratórios junto aos hospícios e que classificam rigidamente os pacientes como anormais. O conceito de anormalidade, aos poucos, foi sendo deslocado dos centros psiquiátricos para as escolas. A criança que não conseguia aprender era taxada de "anormal", devido à interpretação de que a causa de seu fracasso era atribuída a alguma anomalia anatomo fisiológica.

Será na década de 30 do nosso século, com a introdução das idéias psicanalíticas na área médica, que as concepções sobre a dificuldade de aprendizagem se modificarão. As causas para a anormalidade, até então de natureza anatomofisiológica, passam a ser pesquisadas na história e nas circuns-

4. PATTO, M. H. S. *A produção do fracasso escolar*.

tâncias de vida do indivíduo. Desse modo, as crianças que não aprendem deixam de ser anormais e recebem outra designação: "criança problema". No Brasil esta nova corrente será divulgada por Arthur Ramos, médico formado pela Faculdade de Medicina da Bahia e estudioso dos problemas de aprendizagem escolar. Em seu livro **A creança problema**, analisa alunos que não tinham sucesso na escola e chama a atenção para a relação adulto–criança, afirmando que na maioria das vezes o malogro escolar era fruto de desajustamentos no ambiente sócio-familiar da criança.

Ramos crê no poder da educação escolar. Propõe a retirada da criança desse meio desequilibrado, gerador de tantos desajustes: fora da família e educada adequadamente, os comportamentos indesejáveis poderiam ser modificados. Para ele, a maioria das crianças classificadas como anormais não era portadora de nenhuma anomalia mental, mas sofria a ação das causas externas. Vítimas da incompreensão do adulto, do seu meio, da sua família, da escola, foram "anormalizadas" pelo meio.

> *(...) o papel do ambiente é decisivo na formação da personalidade e nas transformações dos impulsos agressivos(...). Já vimos as conseqüências nefastas que, para a personalidade da creança, traz o sadismo dos paes e educadores (...) Não foi possível modificar, infelizmente, o ambiente de casa: alcoolismo paterno, castigos corporaes na creança, abandono moral e afetivo. O Serviço apelou para a última solução: a retirada da creança do ambiente familiar e sua observação e tratamento num internato, dentro da orientação do Serviço.*[5]

A obra de Ramos torna-se um marco na medida em que divulga as idéias da psicanálise, enfatiza a importância da relação adulto-criança e torna conhecido o método clínico de observação mediante dados fornecidos pelos professores, pela família e pela própria criança. No entanto, apesar dos avanços

5. RAMOS, A. *A creança problema*. p. 215.

representados pelos trabalhos de Ramos, a visão médica a respeito das causas do fracasso escolar permanece e será reforçada na década de 60, com a introdução no Brasil da abordagem psiconeurológica de desenvolvimento, que trouxe consigo as noções de disfunção cerebral mínima e de dislexia, enfatizadas por psicólogos, fonoaudiólogos e neuropsiquiatras.

A "medicalização" e "psicologização" das causas das dificuldades de aprendizagem dos alunos estabeleceram um amplo processo de "patologização" do cotidiano escolar. Como lembrou Aquino[6],

> *(...) cabe-nos indagar, o que faz que tais concepções sejam assumidas com tanta credulidade pelos educadores? De onde emanariam tamanha eficácia e aderência discursivas? (...) A resposta a tais questões talvez pudesse ser condensada em apenas um enunciado: na suposta cientificidade de que se imbuem o psicólogo, ou mesmo o recém-fundado psicopedagogo, e principalmente o médico, ao pontificarem sobre os distúrbios dos quais se apropriam e sobre os quais se assenta sua autoridade, na qualidade de especialista. (...) Desse modo, a psicologização do cotidiano parece responder uma insaciável vontade de impugnar uma "verdade", natural e profunda, aos diferentes desígnios humanos, transformando a aventura humana em algo de domínio científico, cognoscível, e controlável portanto.*

Patto[7] afirma que essa tendência de atribuir a causa dos problemas de aprendizagem a fatores orgânicos e psicológicos é fruto da forte influência médica na construção teórica e instrumental da psicologia (a autora lembra que os primeiros trabalhos brasileiros de interesse psicológico e educacional foram teses de conclusão do curso de medicina da Bahia e do Rio de Janeiro).

6. AQUINO, J. G. *O mal-estar na escola contemporânea: o erro e o fracasso em questão*. p. 97- 8.

7. PATTO, M. H. S. A produção do fracasso escolar.

Na década de 60 serão introduzidas no cenário educacional brasileiro as idéias oriundas da Escola Nova, um outro grupo importante para a formação dos educadores brasileiros. Apoiados em experiências dos Estados Unidos e Europa, os escolanovistas buscavam respostas para os problemas educacionais do Brasil contrapondo-se ao ensino tradicional com concepções que privilegiavam a infância e suas especificidades, o respeito pela individualidade, o uso da brincadeira como motivação para a aprendizagem e o estímulo à criatividade.

Essas propostas são criticadas por Azanha[8]:

> *(...) Talvez o contraste mais nítido entre a escola de ensino tradicional e de ensino renovado esteja no fato de que nela diluiu-se a distinção completa entre brinquedo e estudo (...). Não se trata evidentemente de negar que o ensino possa ou deva ser amenizado com recreações, mas sim de afirmar que é mau apresentar como fácil o que é intrincadamente difícil; com isso incutiremos o hábito de evitar as tarefas penosas. (...) Outra conseqüência pedagógica decorrente da idéia de que é preciso preservar a autonomia do mundo infantil é, obviamente, a convicção de que a presença da autoridade nesse mundo, no mínimo, representa uma perturbação que deva ser evitada ou fortemente atenuada. Nessa linha de pensamento, seria desejável que o professor, em face do mundo infantil, se anulasse ao máximo e deixasse as crianças entregues ao seu autogoverno (...). Esta situação não é evidentemente favorável à criança, e o seu efeito educativo é simplesmente desastroso, pois a alternativa ao conformismo é o estigma do isolamento.*

8. AZANHA, J. M. P. Alain e a pedagogia da dificuldade. In: Chartier, E. (Alain). *Reflexões sobre educação*. p.17- 8.

Os problemas de aprendizagem dentro dessa visão teórica passam a ser reduzidos a um certo "psicologismo", imperando a idéia de que

> *(...) a psicologia da aprendizagem, juntamente com a psicologia do desenvolvimento e a medida das diferenças individuais, irão proporcionar, em última análise, a chave para as descobertas dos métodos de ensino mais adequados e eficazes.*[9]

Essa ênfase nas aptidões naturais, no "dom", desloca de novo para a criança as causas do fracasso escolar. A criança é vista como despreparada para a aprendizagem por razões de cunho orgânico ou psicológico, a perturbação residindo na incapacidade de adaptação social.

Na década de 70, sob influência das explicações envolvendo a "privação cultural" (também gestadas nos EUA dez anos antes), surge no Brasil uma tendência de se responsabilizar também a escola pelo malogro educacional dos seus alunos. Tendência que se mostrava ainda extremamente tímida, por trás dos discursos que lembravam a necessidade de a escola adaptar seu ensino aos alunos oriundos de realidades sócio-culturais empobrecidas e com perturbações diversas, estava clara a intenção de novamente atribuir à criança pobre a culpa pelo não-aproveitamento escolar. Fatores extra pedagógicos são, uma vez mais, colocados em primeiro plano: a causa principal do fracasso encontrava-se no aluno, apesar de caber à escola uma parcela de responsabilidade por não se adaptar a este aluno de baixa renda.

Patto menciona que na década de 70 começam também a circular as idéias de Pierre Bourdieu e Passeron sobre a tese crítico-reprodutivista, na qual a instituição escolar é concebida como um instrumento a serviço da manutenção dos privilégios educacionais e profissionais dos que detêm o poder econômico e o capital cultural.

---

9. COLL, C. As contribuições da psicologia para a educação: teoria genética e aprendizagem. In: Leite, L. B. (org.) e Medeiros, A. A. (colab.). *Piaget e a escola de Genebra*. p. 170.

> *No decorrer dos anos 70 uma das características distintivas da pesquisa do fracasso escolar foi a investigação crescente da participação do sistema escolar na produção do fracasso, através da atenção do que se convencionou chamar de fatores intra-escolares e sua relação com a seletividade operada na escola. A luta pela melhoria da qualidade de ensino público, que passa pela necessidade de diagnosticar suas condições de funcionamento, foi retomada, portanto, em novas bases filosóficas, a partir da segunda metade da década de 70.*[10]

Ainda segundo essa autora, o início da década de 80 receberá uma grande influência da revisão efetuada nos anos anteriores a respeito das dificuldades de aprendizagem e das causas do fracasso escolar. No entanto, a tendência em atribuir à criança pobre a culpa pelo seu fracasso escolar permanece inalterada, sendo apenas acrescidas considerações sobre a má qualidade do ensino oferecido nas escolas públicas. Ao analisar os textos produzidos sobre o fracasso escolar nesse período, essa autora identifica três tipos de afirmação:

a) As dificuldades de aprendizagem das crianças pobres advêm das suas condições de vida – influência da teoria da privação cultural que ressalta a presença de distúrbios no desenvolvimento das capacidades e habilidades psíquicas das crianças pobres;
b) A escola pública orienta-se com princípios de uma escola para alunos de classe média. Desse modo, o professor atua em sala de aula tendo em mente um aluno ideal, e não leva em conta a realidade de sua clientela; e
c) Por serem de classe média, os professores não entendem e discriminam seus alunos pobres.

A partir da segunda metade dos anos 80, numerosas pesquisas e trabalhos de denúncia e intervenção (Ancona-Lopez, 1995; Aquino, 1996; Collares, 1994; Gatti, 1987; Freire e Mello,

10. PATTO, M. H. S. *A produção do fracasso escolar*. p. 118.

1986; Machado, 1996; Mazano e Gordo, 1997; Patto, 1990; Souza, 1996, entre outros) vêm sendo realizados, no sentido de compreender e criar propostas de solução para a questão do fracasso escolar. A maior parte desses trabalhos procura enfatizar a realidade político-social que tem gerado o fracasso escolar e conclui que apesar da realidade de exploração e das condições sócioeconômicas, as crianças pobres demonstram de um modo geral ter toda a capacidade de pensar sobre a realidade em que estão inseridas e a respeito daquilo que possui significado para elas. Segundo alguns desses trabalhos (por exemplo, Freire, M. e Mello, S. L., 1986; Patto, M. H. S., 1990; Machado, A., 1996) pensar sobre algo que não nos diz nada não é pensar. O erro não está nas crianças, mas sim na escola alienada das condições de vida em que esses alunos se encontram. Não são as crianças que estão despreparadas para a escola, mas sim a escola, que desconsidera as diferenças sociais de classe e suas reais necessidades.

Esses autores apontam que a formação docente em nada tem contribuído para a mudança dessa mentalidade. O professor vai para a sala de aula tomado por uma série de estereótipos e preconceitos que o impedem de lidar de maneira mais eficaz e adequada com as vicissitudes externas. Por sua vez, os diferentes profissionais solicitados pela escola para dar seu parecer a respeito dos alunos que não aprendem – psicólogos, psicopedagogos, médicos, fonoaudiólogos – endossam essa relação direta, de causa e efeito, entre os problemas orgânicos ou psicológicos e o baixo rendimento escolar. A esses profissionais é atribuída a capacidade de descortinar os motivos que levam os alunos a não aprender e, na maioria das vezes, tais profissionais acabam confirmando que o fracasso é decorrente de problemas de ordem individual, orgânico e psicológico.

Machado[11] adverte que devemos pôr em questão o olhar de quem diagnostica. Esta autora relata que, ao analisar as queixas em relação às crianças encaminhadas aos serviços públicos de psicologia, pode observar que a referência aos alunos ressaltava, na maioria das vezes, apenas "o que faltava".

11. MACHADO, A. *Reinventando a avaliação psicológica.*

> *(...) ela é muito dispersa, faltaria ela prestar um pouco mais de atenção, ela está pouco interessada... Estas colocações convidam-nos a pensar em uma forma ideal, um padrão, um dever ser, criados sempre segundo uma ordem social. Os critérios de anormal e normal, certo e errado permeiam aquilo que produzimos como sendo o "esperado". Com esse tipo de postura e olhar produzimos os termos quantitativos em nossas falas. Como se fosse possível existir alguma explicação genética que pudesse dar conta do funcionamento de uma criança independentemente das relações. Como se houvesse sempre algo anterior e interior no sujeito, separado daquilo que acontece, que explica o significado das coisas: a agressão da criança poderia ser sua incapacidade de tolerar frustrações, a recusa em aprender poderia significar o medo de crescer... Como se os acontecimentos não produzissem realidade, mas apenas representassem algo individual e interior a ser expressado (...)*[12]

Para a referida autora, as queixas escolares devem ser concebidas como parte da história coletiva da instituição. Porém, quando a pergunta norteadora, tanto para quem encaminha quanto para quem avalia, é "o que há com essa criança?", predomina inevitavelmente um tipo de intervenção que busca o que falta ela ter. Dessa maneira, mais uma vez,

> *(...) Problemas de ordem pedagógica e institucional são transformados em problema de saúde mental (...).*[13]

A avaliação como vem sendo concebida e utilizada, tanto dentro como fora dos muros escolares, transforma-se em mais um instrumento de legitimação do fracasso escolar. É um meio de controle educacional e social dos alunos das

---

12. MACHADO, A. *Avaliação e fracasso: a produção coletiva da queixa escolar*. p. 84- 5.

13. MACHADO, A. Op. cit., p. 88.

camadas desfavorecidas da população, sendo mais uma prática de segregação social.

A partir da metade da década de 80, muitas das pesquisas produzidas no Brasil apontam que o fracasso escolar é fruto, principalmente, do preconceito existente nas instituições de ensino sobre a capacidade das crianças oriundas das camadas populares darem conta, adequadamente, dos requisitos exigidos pela escola. A responsabilidade pelo malogro escolar, retirada dos alunos, passa a ser atribuída aos professores.

No entanto, após anos de experiência como professora, psicopedagoga clínica e assessora pedagógica de 1ª a 4ª série do ensino fundamental 1, uma série de indagações a respeito dos alunos malsucedidos em sua vida escolar e sobre as vicissitudes da tarefa docente passou a influenciar o meu cotidiano profissional, dando origem ao presente trabalho. Pude notar, por exemplo, que não são somente as crianças que freqüentam a escola pública, pertencentes portanto às camadas mais pobres da população, que estão ajudando a aumentar a fileira daqueles que fracassam na aprendizagem. Tal fenômeno ocorre, ainda que em magnitude menor, também com alunos provenientes de escolas particulares. Muitas vezes, após uma avaliação individual mais apurada desses alunos, foi possível inferir que, se tivessem experimentado outro tipo de assistência e intervenção dentro da própria escola, não teriam se tornado *um caso clínico, um aluno problema*. Suas dificuldades escolares poderiam não ter se transformado em sintomas instalados ou em "distúrbios".

Já o trabalho de assessoria e supervisão pedagógica desenvolvido com professores de escolas particulares da cidade de São Paulo permitiu-me observar o quanto tem sido difícil realizar um projeto pedagógico de qualidade que inclua no processo de aprendizagem a grande maioria das crianças. Os professores da escola particular, assim como seus colegas da escola pública, têm se mostrado tão desanimados em relação às suas tarefas docentes que, muitas vezes, pequenas dificuldades encontradas no caminho são motivo para desistirem e acharem que a questão está fora do seu campo de atuação.

Assim, instala-se nas escolas – públicas ou privadas – um quadro difícil de ser solucionado: de um lado índices crescentes de malogro escolar; do outro lado, um corpo docente perplexo diante das tarefas do ensino.

Se o problema do malogro escolar atinge atualmente tanto a escola particular – que atende às camadas mais favorecidas da população – quanto a escola pública da periferia das grandes cidades brasileiras, apenas a discriminação social por parte do professor em relação aos seus alunos não pode explicar, de forma satisfatória, o porquê de tantas crianças não terem êxito em seu processo de escolarização.

Na busca por formas mais eficientes de combate ao malogro escolar, há sem dúvida a necessidade de uma abordagem técnica ligada aos métodos de ensino que possibilitem ao professor intervenções pedagógicas mais eficientes; há que se considerar a influência das conseqüências político-econômicas oriundas das condições estruturais de nossa sociedade; há que se valorizar a implementação de políticas educacionais que garantam o acesso e a permanência de todas as crianças no ensino fundamental. Mas é preciso também buscar entender com maior profundidade por que o professor, ao invés de tomar como desafios instigantes os percalços que surgem em sala de aula, sucumbe a eles, desistindo de sua tarefa de levar a maioria dos seus alunos a atingir patamares superiores de conhecimento.

Minha experiência em psicopedagogia clínica mostrava que muitas das crianças encaminhadas pelos professores para avaliação psicopedagógica, por apresentarem distúrbios escolares, poderiam ter sido poupadas desse atendimento se tivesse havido uma intervenção pedagógica mais adequada na própria escola. Na base desses encaminhamentos, encontram-se provavelmente incorreções e precipitações nos julgamentos que os professores fazem sobre as causas dos problemas de aprendizagem de seus alunos. Esta é a hipótese de trabalho que levou ao estabelecimento das questões centrais que orientaram o desenvolvimento desta pesquisa, quais sejam:

- O que é, para o professor, *dificuldade de aprendizagem*?
- Qual sua visão sobre o *aluno problema*?

Para desvendar os aspectos essenciais da visão do professor a esse respeito, era necessário aproximar-se da cultura escolar que, segundo o Prof. Azanha[14], permeia as instituições educacionais com um tipo de saber ao qual os trabalhos acadêmicos na área de Educação pouco têm tido acesso. Para o Prof. Azanha, o fundamental é mergulhar no cotidiano escolar, realizar pesquisas que traduzam a cultura que emerge deste contexto, criando condições para retratá-lo de uma forma mais honesta e próxima de suas reais necessidades.

Indo ao encontro dessas recomendações, optou-se por estudar uma escola da rede pública municipal localizada na zona sul da cidade de São Paulo. Nesse estudo, foram analisados inicialmente os critérios utilizados pelos professores para definir quais são os seus bons e maus alunos; realizaram-se avaliações psicopedagógicas com crianças pertencentes a esses dois grupos de alunos; e, finalmente, discutiram-se com os professores os resultados do diagnóstico psicopedagógico e as divergências observadas em relação ao julgamento inicial. Esse embate de posições, ocorrido em uma situação concreta e real, teve por objetivo criar condições para que se revelasse, de forma mais explícita, a concepção que os professores possuem sobre *dificuldade de aprendizagem* e *aluno problema*, o que permitiria, por meio da reflexão conjunta com esses mesmos docentes, verificar as possibilidades de elaboração de estratégias de ação pedagógica que possam auxiliar as crianças que não têm tido êxito no seu percurso escolar.

14. AZANHA, J. M. P. *Comunicação pessoal.*

2

Referências piagetianas para a avaliação psicopedagógica

2.1. Introdução

A avaliação psicopedagógica, sendo fruto de uma demanda da instituição de ensino, motivada (na maioria absoluta das vezes) pela constatação de um desempenho escolar insatisfatório, deve ter como referência principal a situação escolar do aluno, de forma a buscar oferecer instrumentos que auxiliem o professor a compreender e transformar, mediante intervenções na sala de aula, o problema apresentado.

De modo geral, as queixas sobre os alunos com desempenho escolar insatisfatório referem-se a supostas deficiências no desenvolvimento intelectual ou emocional e a atitudes incompatíveis com o ambiente escolar, levando à falta de domínio de conteúdos escolares específicos.

O diagnóstico psicopedagógico, sem desprezar essas demandas concretas da instituição escolar, deve buscar as reais causas da dificuldade de aprendizagem do aluno, que nem sempre residem em "falhas" no seu desenvolvimento intelectual ou emocional, mas englobam a criança, a escola, os métodos de ensino utilizados, os conteúdos, envolvendo enfim as relações que a criança estabelece no processo de aprendizagem.

Nesse sentido, o foco principal da avaliação psicopedagógica deve ser a observação de como a criança relaciona-se com os objetos de conhecimento, buscando em especial verificar qual o significado (se é que existe algum) que ela atribui à aprendizagem escolar. Como atividade complementar, é necessário analisar os processos evolutivos internos (desenvolvimento do pensamento) e o conjunto de conhecimentos adquiridos (conteúdos escolares que a criança domina).

A teoria piagetiana interpretando o conhecimento como uma construção advinda das interações que se produzem entre o sujeito e o objeto, constitui-se em contribuição valiosa para a avaliação psicopedagógica. A elaboração dos instrumentos de avaliação exige, no entanto, um domínio teórico dos estudos piagetianos e um conhecimento da especificidade do processo de escolarização e das situações de ensino e aprendizagem, sem os quais não se consegue tornar a avaliação uma prática bem fundamentada, situada a meio caminho entre uma referência importante sobre o desenvolvimento cognitivo da criança e o cotidiano da escola. Como bem salientou Cavicchia[15],

> *(...) a teoria piagetiana – a epistemologia genética – é extremamente rica na sua possibilidade de fornecer quadros interpretativos aos fatos pedagógicos que, na sua essência, referem-se à construção do conhecimento: da criança, do educador, do campo de estudo (...)*

A experiência profissional com a formação docente também tem demonstrado o quanto a teoria piagetiana é divulgada e aceita nas instituições de ensino. Mantovanini[16], ao discutir com professores de pré-escola os pressupostos que utilizavam para planejar, executar e avaliar as atividades desenvolvidas com o seu grupo-classe, observou que a teoria piagetiana foi citada de forma unânime e incontestável. Pôde verificar, nessa ocasião, que mesmo que muitos dos professores entrevistados não possuíssem um conhecimento mais aprofundado da obra de Piaget, noções básicas sobre as diferentes etapas de desenvolvimento intelectual faziam parte de seu repertório e tal conheci-

15. CAVICCHIA, D. de C. *Psicopedagogia na instituição educativa: a creche e a pré-escola*. p. 210.

16. MANTOVANINI, M. C. L. *A psicologia da educação no cotidiano do professor pré-escolar.*

mento era citado por eles como de fundamental importância para o planejamento das atividades de classe.

Indícios dessa natureza nos alertam para o tipo de mentalidade presente no cotidiano da escola. Não podem ser desprezados sob a pena de se perder referências preciosas daquilo que compõe a cultura escolar. No caso específico da cultura piagetiana, percebe-se que sua valorização está atrelada ao mito de que "com Piaget tudo se resolve em sala de aula". A teoria de Piaget oferece enormes dificuldades conceituais que exigem estudo e muita dedicação para a sua efetiva compreensão: o fato de ser amplamente divulgada nas escolas não implica que seja realmente compreendida pelo corpo docente nem adequadamente aplicada.

Apesar de complexa, a teoria piagetiana, ao propiciar o entendimento das etapas evolutivas do pensamento humano, constitui-se em referencial para a construção de um instrumento de diagnóstico psicopedagógico, sendo, por isso, a principal referência teórica para esta pesquisa. Além disso, graças à presença das idéias de Piaget no ambiente escolar, a utilização de sua teoria neste trabalho propiciou uma legitimidade ainda maior na discussão realizada com os professores a respeito dos alunos portadores de dificuldades de aprendizagem.

Nos itens que se seguem apresentam-se os fundamentos teóricos, os elementos componentes (provas operatórias e atividades didáticas) e o procedimento de avaliação psicopedagógica utilizada neste trabalho.

2.2. Fundamentos teóricos: o método clínico de Jean Piaget

Piaget teve como foco de suas preocupações o estudo da gênese do conhecimento humano. No início de seu trabalho, sem perder de vista seus objetivos teóricos, elaborou um método próprio de investigação, denominado de método clínico, que tem características bastante particulares.

A singularidade do método clínico de Piaget encontra-se no fato de os experimentos basearem-se no diálogo não-padronizado que se estabelece entre o pesquisador e a criança. Tal diálogo possibilita ao pesquisador observar se há reciprocidade entre a ação e o pensamento da criança, pensamento que será expresso mediante o uso da linguagem, tornando-se desse modo um indicador do estágio de desenvolvimento cognitivo. Será esse diálogo que clarificará a relação entre a ação e o pensamento infantil, pois o êxito na ação é anterior à tomada de consciência dos procedimentos necessários para que esta mesma ação se efetue.

O método clínico piagetiano não pode ser chamado de experimental, pois seus componentes clínicos são específicos de uma dada situação, não sendo portanto padronizados. O modelo clínico de Piaget

> *(...) funciona ao mesmo tempo como método de descoberta e método de diagnóstico. É justamente esta duplicidade funcional de sua metodologia que permite que sejam estabelecidas as relações de reciprocidade entre teoria e método.(...)*[17]

Por outro lado, é difícil e delicado aproximar a teoria de Piaget dos processos de ensino e aprendizagem, pois tal aproximação, se malconduzida, pode induzir a erros grosseiros que simplificam (comprometendo) a teoria e levam freqüentemente a julgamentos e conclusões precipitados a respeito das relações escolares.

É fundamental também recordarmos que as preocupações de Piaget estiveram voltadas para o estudo de como o homem evolui, aumentando o seu conhecimento, e de como o organismo se adapta ao meio. Em suas obras não houve uma preocupação explícita nem com a Psicologia, nem com a Pedagogia.

A teoria genética utiliza a criança em suas pesquisas por ser um indivíduo que está em franca evolução de seus níveis de

17. CASTELLO BRANCO, L. *O problema da moralidade na teoria de Jean Piaget*. p. 3.

conhecimento. A criança é um pretexto para se entender a evolução humana. Piaget não se interessa pela psicologia da criança, pois esse não é o seu objeto de estudo.

> *Se a criança apresenta grandíssimo interesse por si mesma, a isso deve acrescentar-se na verdade o fato de que a criança explica o homem tanto quanto o homem explica a criança, e não raro ainda mais, pois se o homem educa a criança, por meio de múltiplas transformações sociais, todo adulto, embora criador, começou, sem embaraço, sendo criança, e isso tanto nos tempos pré-históricos quanto hoje em dia.*[18]

Piaget procura demonstrar que certos comportamentos têm a mesma estrutura (conjunto de elementos e suas relações de que o ser humano dispõe para construir o conhecimento) que outros, e que essas estruturas são construídas ao longo da vida, não são dadas "a priori". Assim, é possível dizer que a teoria piagetiana é estruturalista.

> *Com efeito, se existe um verdadeiro núcleo funcional da organização intelectual que promana da organização biológica no que ela tem de mais genérico, é evidente que essa invariante orientará o conjunto das sucessivas estruturas que a razão vai elaborar em seu contato com o real, desempenhará assim o papel que os filósofos atribuíram ao "a priori", quer dizer, imporá às estruturas condições necessárias e irredutíveis de existência. Aconteceu, porém, cometer-se algumas vezes o erro de considerar o "a priori" como se fosse constituído por estruturas feitas, acabadas desde o início do desenvolvimento, quando, embora a invariante funcional do pensamento esteja em ação desde as fases mais primitivas, só gradualmente é que impõe à consciência, graças à elaboração de estruturas cada vez mais adaptadas ao pró-*

18. PIAGET, J. A *psicologia da criança*. p. 9.

> *prio funcionamento. Logo, o "a priori" não se apresenta sob a forma de estruturas necessárias senão no final da evolução das noções, nunca em seu início: sem deixar de ser hereditário, o "a priori" encontra-se nas antípodas do que outrora se chamava "idéias inatas".*[19]

A teoria piagetiana é interacionista, pois é mediante a interação dos indivíduos com o meio que as estruturas mentais se formam e se desenvolvem. Tais estruturas não são inatas (dadas "a priori"). Será justamente por meio das interações entre o sujeito e o meio social que elas poderão se desenvolver.

Piaget demonstra com suas pesquisas que o ser humano não nasce com o seu sistema cognitivo pronto, acabado. As estruturas cognitivas dos indivíduos irão se elaborar na interação com o meio ambiente e mediante a ação do sujeito cognoscente. Piaget adverte para o fato de que processos que obedecem a uma ordem constante de desenvolvimento (como, por exemplo, os estágios de desenvolvimento intelectual) dependem simultaneamente da maturação e da transmissão externa ou educativa. São quatro os fatores que concorrem para o desenvolvimento intelectual do ser humano, quais sejam:

a) maturação – amadurecimento físico, principalmente do sistema nervoso central;
b) experiência – manipulação, movimento e pensamento sobre objetos concretos e sobre os processos mentais que os abarcam;
c) interação social – jogos, conversas e trabalhos com outras pessoas, principalmente com os pares;
d) equilibração – processo de reunir maturação, experiência e socialização de modo a construir e reconstruir as experiências mentais.

> *(...) A sucessão das fases de aprendizagem é com efeito regulada pelas etapas de maturação mesma? Não integralmente, pois as características próprias a estas fases*

19. PIAGET, J. *O nascimento da inteligência na criança*. p. 14- 5.

> *são relativas às realidades coletivas "exteriores" ao indivíduo: são as categorias semânticas ou sintáticas da linguagem, ou são os sistemas de representações conceituais ou de pré-operações que constituem seus critérios; se tal sucessão era devida à maturação, dever-se-ia admitir uma pré-formação ou uma antecipação hereditária dos quadros sociais do sistema nervoso, o que constituiria uma hipótese embaraçada e principalmente inútil. A sucessão dessas fases de aquisição é então regulada pelas interações sociais mesmas? Isto é tão pouco verossímil, porque se a escola inculca na criança o conteúdo das representações coletivas segundo certo programa cronológico, a linguagem e os modos usuais de raciocínio lhe são impostos em bloco pelo meio que a cerca: se ela escolha em cada estágio certos elementos e os assimila em certa ordem na mentalidade, é porque a criança não sofre mais passivamente a coação da "vida social" que da "realidade física" consideradas em sua totalidade, mas opera uma segregação ativa no que lhe é oferecido e reconstrói à sua maneira, assimilando-o.*[20]

A teoria piagetiana é construtivista. O sujeito constrói estruturas ao interagir com o mundo. Todo organismo vivo tende a um estado de equilíbrio ou adaptação com o seu meio. O desenvolvimento das estruturas cognitivas do indivíduo ocorre por meio de constantes desequilíbrios e equilibrações, acionados pelos mecanismos de assimilação e acomodação.

> *(...) Desde os seus primórdios, a inteligência está integrada, em virtude das adaptações hereditárias do organismo, numa rede de relações entre este e o meio. Não se manifesta, pois, como uma potência de reflexão independente da situação particular que o organismo ocupa no universo, pois está vinculada, desde o começo, pelos "a prioris" biológicos: a inteligência nada tem de absolu-*

20. PIAGET, J. A *explicação em sociologia*. p. 20- 1.

> *to independente, é uma relação entre outras, entre o organismo e as coisas (...)*[21]

Piaget atribui aos processos de equilibração as condições fundamentais para o desenvolvimento humano, pois neles estarão incluídas as regulações entre o sujeito e os objetos. O processo de desenvolvimento das estruturas cognitivas é um processo de constantes equilibrações progressivas, advindas a cada novo conhecimento. É a passagem de um estado de menor equilíbrio para um equilíbrio superior – equilibrações majorantes – por meio das funções de assimilação e acomodação, que se manifestarão de forma diversificada, dependendo do estágio de desenvolvimento expresso. Toda construção de um novo conhecimento necessita de uma nova acomodação que compense o equilíbrio momentaneamente perdido nesse processo.

> *(...) De um lado vemos que toda construção nova solicita compensações porque em seu fim ela vem inserir-se em processos de reequilibração (remediar certos defeitos ou limitações das construções anteriores ou inserir-se no processo das diferenciações e integrações), e também porque ela comporta suas próprias regulações (correções compensadoras dos meios em relação ao novo objetivo perseguido) por outro lado, e reciprocamente, toda equilibração majorante acarreta a necessidade de novas construções.(...)* [22]

Essa busca de equilíbrio origina-se com o nascimento da criança. No primeiro estágio de conhecimento, denominado sensório-motor, o bebê já possui uma conduta inteligente, porém não dispõe ainda da capacidade de representação dos eventos (função simbólica). Nesta fase, para conhecer, a criança lança mão de esquemas sensório-motores e atua sobre os objetos de uma forma pré-lógica. Nas fases posteriores, tais esque-

21. id. ibid., p. 29.

22. PIAGET, J. A *equilibração das estruturas cognitivas*. p. 42.

mas serão interiorizados por meio das representações mentais. Somente a partir da aquisição da linguagem é que ocorrerá a socialização da inteligência. Essa socialização conduz a uma interiorização crescente do pensamento, que levará a criança, por volta dos 7 anos, a conseguir resolver questões mentalmente, dispensando o auxílio de ações concretas. Numa fase posterior, a partir dos 11 ou 12 anos, além dessa capacidade de operar logicamente, o adolescente poderá fazê-lo mediante um sistema teórico, não mais calcado em situações concretas, mas em proposições e enunciados.

Ao estudar o desenvolvimento da criança, Piaget buscou observar o que há de comum nas diferentes etapas dessa evolução. Seu interesse é o sujeito epistêmico. Já as preocupações da pedagogia e da escola são de outra ordem: interessam-se pelos métodos de ensino, pela seleção dos conteúdos, pela grade curricular; preocupam-se com as melhores formas de promover o desenvolvimento da criança. O objetivo da educação, essencialmente prático, é fazer com que as crianças aprendam e se desenvolvam. A preocupação com o desenvolvimento é visível no cotidiano da escola quando os professores mencionam critérios de maturidade ou quando descrevem o perfil do aluno ideal, em termos das competências necessárias.

Apesar de possuir interesses diversos dos da escola, os estudos de Piaget têm tido uma imensa ressonância nos meios educacionais nas mais diversas partes do mundo. Coll apresenta um panorama das aplicações educacionais da teoria piagetiana, inserindo-as num contexto mais abrangente das relações históricas entre a psicologia e a educação, relações que apresentam uma peculiaridade: são fundadas em uma promessa que nunca foi cumprida em sua plenitude. Esse autor relata que no século XIX, com o surgimento da psicologia científica,

> *(...) as expectativas aumentam de maneira considerável: há uma firme convicção de que o desenvolvimento dessa nova disciplina provocará um forte impulso no campo da teoria e da prática educacionais, ao mesmo*

> *tempo que proporcionará uma base científica para abordar e solucionar os problemas da educação (...)*[23]

Segundo Coll, as idéias que embasam o movimento escolanovista no início do século, tanto na Europa como nos Estados Unidos, são oriundas da psicologia funcional de W. James (1842-1920), J. Dewey (1859-1952) e E. Claparède (1873-1940). Neste período de grande progresso da psicologia científica, aparecem as primeiras teorias a respeito da aprendizagem humana e suas aplicações no campo escolar (métodos de ensino, motivação para aprendizagem, seleção de conteúdos, etc.). O avanço da psicologia da criança, os recém-criados testes de inteligência (Escala Métrica de Binet-Simon, 1905) e sua posterior utilização pela escolas criam

> (...) *a convicção de que a pedagogia irá alcançar definitivamente um estatuto científico mediante a integração das contribuições da psicologia.*[24]

Patto, ao fazer um histórico da evolução das relações entre a psicologia e a educação, nos adverte para o fato de que a "pedagogia científica", do início do século, irá fundamentar-se nos ensinamentos advindos da biologia, da sociologia e da psicologia, criando assim a ilusão de, finalmente, conhecer "cientificamente" o educando.

> *À psicologia caberá o fornecimento de métodos e princípios sobre os quais se apoiará a arte de ensinar(...).*[25]

O psicólogo, por sua vez, deverá auxiliar o professor a desvendar a vida psíquica dos seus alunos, em toda a sua extensão.

Porém, ao longo dos anos 50, conforme relatos de Coll e de Patto, uma série de acontecimentos contribuiu para reais

---

23. COLL, C. *Piaget e a escola de Genebra*. p. 165.

24. COLL, C. *Piaget e a escola de Genebra*. p. 167.

25. PATTO, M. H. S. *Psicologia e ideologia: uma introdução crítica à psicologia escolar*. p. 9.

transformações nos vínculos da Psicologia com a Educação. Ficou evidenciada a dificuldade de se encampar os resultados das pesquisas psicológicas no campo educacional. O advento e solidificação das diversas escolas de psicologia tornou a integração com a pedagogia ainda mais difícil. Neste período, também, consolidam-se várias disciplinas educacionais (dentre elas economia da educação e sociologia da educação), que concorrem com a psicologia na análise do fenômeno educativo. Apesar desse prenúncio de crise, a psicologia da educação continua reinando, firmemente, até meados dos anos 70. Permanece um otimismo desmedido em relação ao papel da educação como promovedora de oportunidades iguais para os membros das diferentes classes sociais. É por meio da educação que os indivíduos mais capazes poderão ascender socialmente.

No entanto, segundo Azanha[26], observa-se nos anos 80, fruto da decepção com os resultados das pesquisas e experiências (tanto educacionais como psicológicas) acumulados nas décadas anteriores, um crescente desencanto com a possibilidade de se forjar uma teoria educacional de natureza científica que conseguisse trazer efetivas contribuições para a resolução dos inúmeros problemas enfrentados pelo professor em sala de aula. Há, de fato, uma desproporção entre o número de pesquisas nessas áreas e o resultado obtido, tanto no que tange à construção de teorias mais integradoras quanto no que se refere ao desenvolvimento de experiências práticas mais frutíferas. A psicologia também sentiu esse movimento de pessimismo e desencanto. Psicólogos e educadores reconhecem que grande parte das expectativas depositadas na psicologia, como redentora dos diversos males da educação, não pode, nem de longe, ser realizada.

> *(...) Diante do fenômeno do fracasso escolar, os recursos da Psicologia revelam-se insatisfatórios para dar conta da complexidade e extensão do problema. (...)*[27]

26. AZANHA, J. M. *Educação, temas polêmicos.*
27. CASTELLO BRANCO, L. *O construtivismo e suas implicações pedagógicas.*

Apesar do desencanto com a possibilidade de desenvolvimento de uma teoria educacional científica, a teoria piagetiana, com suas contribuições sobre o processo de desenvolvimento do conhecimento na criança, permanece no cenário educacional constituindo-se na base teórica de diversas aplicações pedagógicas e projetos educacionais.

> *A análise sistemática da gênese das noções básicas do pensamento racional – espaço, tempo, causalidade, movimento, acaso, lógica das classes, lógica das relações, etc. –, assim como a descrição das características do pensamento concreto e formal e das estruturas lógico-matemáticas que os caracterizam, fazem surgir grandes esperanças sobre a possível utilização destes conhecimentos no campo educacional e, concretamente, na aprendizagem escolar.*[28]

A idéia de que o conhecimento humano é essencialmente coletivo e que a vida social constitui um dos fatores principais da formação e do crescimento dos conhecimentos pré-científicos e científicos abre inúmeras possibilidades para fundamentações de cunho pedagógico. Os estágios de desenvolvimento intelectual da criança tornam-se assunto de destaque dentre as possíveis aplicações pedagógicas da teoria de Piaget.

2.3. AS PROVAS OPERATÓRIAS

Domahidy-Dami e Leite[29] relatam que na década de 50, um grupo de pesquisadores liderados por Vinh-Bang elaborou um projeto com o objetivo de padronizar as técnicas usadas nas pesquisas piagetianas a fim de transformá-las em provas operatórias que pudessem ser utilizadas como forma de diagnóstico

---

28. COLL, C. *Piaget e a escola de Genebra*. p. 172.

29. DOMAHIDY-DAMI, C., & LEITE, L. B. *As provas operatórias no exame das funções cognitivas*.

psicopedagógico. Obviamente que nesse novo contexto, essas técnicas tiveram de passar por adaptações, pois o objetivo de sua nova aplicação era diferente daquele que orientou Piaget e sua equipe. Apesar das transformações, a aplicação das provas operatórias continuou seguindo o método clínico utilizado por Piaget, composto basicamente por:

- observação;
- experimentação; e
- entrevistas com perguntas abertas, para que o experimentador possa conhecer o raciocínio subjacente às respostas dadas pelas crianças.

As provas operatórias consistem de atividades práticas utilizadas para verificar a aquisição da noção de conservação (de número, de quantidade, de volume, de comprimento e peso) e se o sujeito é capaz de classificar objetos, incluindo-os numa determinada série.

As pesquisas piagetianas demonstram que por volta dos 7 anos a criança começa a adquirir um pensamento reversível, capaz de operar logicamente. Observa-se, a partir de então, uma diminuição do pensamento egocêntrico infantil, sendo que a criança não mais confunde o seu ponto de vista com o dos outros, podendo compreender a realidade por meio da coordenação de seu pensamento com o das outras pessoas.

> *(...) a criança de 7 anos começa a se libertar de seu egocentrismo social e intelectual, tornando-se, então, capaz de novas coordenações, que serão da maior importância tanto para a inteligência quanto para a afetividade. Para a inteligência trata-se do início da construção lógica, que constitui, precisamente, o sistema de relações que permite a coordenação dos pontos de vista entre si. Estes pontos de vista são tanto aqueles que correspondem a indivíduos diferentes como aqueles correspondentes a percepções ou intuições sucessivas do mesmo indivíduo. (...)*[30]

30. PIAGET, J. *Seis estudos de psicologia*. p. 44- 5.

Há uma tomada de consciência cada vez maior, por parte da criança, dos conteúdos do seu pensamento, o que a torna capaz de travar comparações entre suas idéias e de seus companheiros. Esse desenvolvimento lhe permite atuar no real de uma forma mais distante da fantasia, marcada, por exemplo, pelo animismo e artificialismo da fase anterior.

> *(...) O essencial é que a criança se torna suscetível a um começo de reflexão. Em vez das condutas impulsivas da primeira infância, acompanhadas da crença imediata e do egocentrismo intelectual, a criança a partir dos sete ou oito anos pensa antes de agir, começando, assim, a conquista desse processo difícil de reflexão (...)*[31]

O pensamento é denominado de operatório, pois as "operações" são a capacidade conquistada de solucionar mentalmente situações que até então só podiam ser realizadas na ação física, na prática. As operações são "concretas" pois ainda estão pautadas nos objetos e não em hipóteses abstratas, que só terão lugar no pensamento formal do início da adolescência.

> *(...) As operações, tais como reuniões de duas classes (os pais reunidos às mães constituem os pais em sentido genérico) ou a adição de dois números, são ações, escolhidas entre as mais gerais (os atos de reunir, de ordenar intervêm em todas as coordenações de ações particulares), interiorizáveis e reversíveis (à reunião corresponde a dissociação, à adição a subtração, etc.). Nunca são isoladas, porém coordenáveis em sistemas de conjunto (uma classificação, a seqüência dos números, etc.). Também não são próprias deste ou daquele indivíduo, senão comum a todos do mesmo nível mental e intervêm nos raciocínios privados, senão também nas trocas cognitivas, visto que estas consistem ainda em reunir informações,*

31. PIAGET, J. *Seis estudos de psicologia*. p. 44.

> *colocá-las em relação ou correspondência, introduzir reciprocidade, etc. (...)*[32]

Para que o pensamento se torne operatório e racional é preciso que haja reversibilidade e conservação. A reversibilidade flexibiliza o pensamento, permitindo que o sujeito sempre volte ao começo de uma ação, ou seja, qualquer alteração de forma, posição ou ordem pode ser retomada ao início da operação.

> *(...) uma operação mental é reversível quando, a partir do resultado dessa operação, se pode encontrar uma operação simétrica com relação à primeira e que leve de volta aos dados dessa primeira operação, sem que estes tenham sido alterados (...)*[33].

A noção de conservação resulta do fato de o pensamento estar mais referenciado no raciocínio do que na percepção, permitindo o reconhecimento de que uma propriedade, como comprimento, volume ou quantidade, continua inalterada, apesar de mudanças de forma, posição ou agrupamento. Os estados subordinam-se às transformações, a reversibilidade do pensamento faz com que a criança perceba o que é invariante no processo, apesar das transformações aparentes.

Com o objetivo de verificar o desenvolvimento do raciocínio operatório das crianças, foram utilizadas nesta pesquisa as seguintes provas operatórias: conservação de quantidades contínuas e descontínuas (número, massa e líquido), classificação de objetos e seriação. Descrição detalhada destas provas podem ser encontradas em Inhelder, Bovet e Sinclair[34].

---

32. PIAGET, J. & INHELDER, B. *A psicologia da criança*. p. 88.
33. PIAGET, J. *O raciocínio na criança*. p. 168.
34. INHELDER, B.; BOVET, M.; SINCLAIR, H. *Aprendizagem e estruturas do conhecimento*.

2.4. A AVALIAÇÃO DO DESENVOLVIMENTO OPERATÓRIO E A APRENDIZAGEM ESCOLAR

Usar as provas operatórias com objetivos educacionais traz diversas controvérsias, como bem lembrou Castro[35]. Na atividade docente, o professor precisa conhecer o estágio de desenvolvimento de seus alunos? É possível transformar em instrumento de diagnóstico escolar provas psicogenéticas elaboradas com o objetivo de pesquisa? Quais são as formas de intervenção possíveis, dada a heterogeneidade de desenvolvimento intelectual dentro de uma sala de aula? Como o conhecimento do estágio de desenvolvimento intelectual do aluno pode ajudar o professor em seu trabalho?

Aos diferentes estágios de desenvolvimento associam-se diferentes maneiras de organização mental, representadas pelas diversas estruturas cognitivas. São essas formas de organização mental que, em cada fase do desenvolvimento, abrem possibilidades diferenciadas para a relação dos indivíduos com a realidade externa. A passagem de um estágio de desenvolvimento para outro é resultante de processos de desequilibração e equilibração. O sujeito, ao entrar em contato com o objeto de conhecimento, primeiramente procura assimilá-lo aos seus esquemas. Quando essa assimilação do objeto a esquemas já constituídos encontra resistência, há um desequilíbrio. Para que um novo equilíbrio seja alcançado, é preciso que ocorra uma reorganização das ações, mediante uma nova acomodação dos esquemas. O sujeito tem de ajustar-se às características do objeto, reformulando os seus esquemas de ação. É esse processo de reequilibração que permitirá a passagem para um estágio mais desenvolvido.

> *(...) A fonte real do progresso deve, pois, ser procurada na reequilibração, naturalmente não no sentido de um retorno à fase anterior de equilíbrio, cuja insufici-*

35. CASTRO, A. D. *Educação e epistemologia genética*. p. 18.

ência é responsável pelo conflito ao qual essa equilibração provisória chegou, mas uma melhora da forma precedente. (...)[36]

Para se alcançar um nível de desenvolvimento superior é necessário que ocorram simultaneamente dois processos: um de origem endógena e outro de exógena. Assim, a sucessão das fases de desenvolvimento intelectual é regulada tanto pelos processos de maturação quanto pelas interações sociais. Qual poderia ser, então, o papel da aprendizagem escolar na formação dessas estruturas mentais? Será possível ajudar uma criança a se tornar operatória? Pode-se ensinar a classificar ou fazer uma seriação?

Compartilhamos das idéias de Inhelder, Bovet e Sinclair[37], que defendem a tese de que se pode acelerar o processo de formação das estruturas operatórias quando há uma intervenção adequada que, de fato, desestabilize as hipóteses atuais do sujeito. A eficácia desta intervenção depende, porém, do nível de desenvolvimento que o sujeito possui em relação à noção em questão. Se, por um lado, para que ocorra a aprendizagem é preciso que haja um determinado grau de desenvolvimento, por outro lado a aprendizagem pode acelerar o desenvolvimento, o que possibilitará, por sua vez, novas frentes de conhecimento. Ao discutir o papel da aprendizagem na formação das estruturas operatórias, essas autoras buscam demonstrar o quanto a teoria psicogenética afasta-se das posições maturacionistas que explicam a aquisição das noções de conservação mediante processos puramente endógenos, abrindo espaço para a reflexão sobre a importância do ensino no desenvolvimento dessas noções por parte da criança.

As aprendizagens autênticas, que, em cada um dos processos, pudemos levar a efeito num grande número de sujeitos, se expressam essencialmente por uma ace-

36. MACEDO, L. *Ensaios construtivistas*. p. 148.

37. INHELDER, B.; BOVET, M.; SINCLAIR, H. *Aprendizagem e estruturas do conhecimento*.

> *leração da construção operatória. (...). Em si mesmo, esse fato nos afasta de todo modelo interpretativo que só faz apelo à maturação: se é possível, por meio de exercícios adequados, diminuir os intervalos que separam "normalmente" (segundo as normas estabelecidas pelos estudos estatísticos em nossa população) os degraus sucessivos do desenvolvimento das noções estudadas, parece-nos difícil explicar essa aprendizagem por um puro processo de maturação, isto é, pelo desenrolar de um programa inscrito como tal, hereditariamente, sem modificação provinda do meio. Muito pelo contrário, por mais que se possa comparar o processo de aprendizagem com aquele que se desenrola num tempo mais longo, em situações não estritamente experimentais, teríamos aqui a "demonstração" da importância dos mecanismos de interação entre os esquemas de assimilação do sujeito e as contribuições específicas fornecidas pelos processos de aprendizagem, e uma ativação geral do funcionamento pelas possibilidades oferecidas ao sujeito de agir e combinar os esquemas existentes.*[38]

O conhecimento da capacidade operatória das crianças pode, de um modo geral, ser um instrumento esclarecedor para o professor em sala de aula, pois é inegável que a aprendizagem de alguns conteúdos escolares depende do estágio de desenvolvimento dos alunos. No entanto, como bem lembrou Coll (op. cit.), a dificuldade reside em determinar a relação entre esses conteúdos e as noções pesquisadas nas provas operatórias.

Possuir um raciocínio operatório pode ser colocado como condição necessária, mas não é suficiente para a aprendizagem de certos conteúdos escolares. Conhecer as características do raciocínio infantil pode ajudar os profissionais comprometidos com a aprendizagem a planejar uma intervenção mais adequa-

38. IINHELDER, B., BOVET, M., SICLAIR, H. *Aprendizagem e estruturas do conhecimento.* p.257.

da, que realmente auxilie o aluno a desenvolver seu pensamento e raciocínio. A escola, sendo mediadora entre a criança e os conteúdos sociais, deve preocupar-se em encontrar a forma mais profícua para que esse conhecimento ocorra. Levar em conta o grau de desenvolvimento operatório da criança pode ser de grande valia nessa tarefa.

Mas aqui reside uma diferença fundamental entre o objetivo da escola a respeito do conhecimento operatório de seus alunos e aquele que guiou Piaget em suas pesquisas: o objetivo da escola é de caráter prático, há uma intencionalidade no processo educativo. Como salienta Peters,

> (...) *educação supõe, essencialmente, processos intencionais que transmitem aquilo que é valioso, de um modo inteligível e voluntário, despertando no aluno o desejo de realizar tal coisa valiosa, que é vista como possuidora de um lugar entre as demais coisas da vida (...).*[39]

Já Piaget ocupa-se do estudo do desenvolvimento espontâneo das estruturas de conhecimento do ser humano. Como ressalta Coll,

> *(...) A teoria genética nos oferece um panorama bem amplo e detalhado dos níveis de construção das categorias básicas do pensamento; quer dizer, do que há de mais geral, de universal, no conhecimento; em suma, das formas do pensamento no sentido kantiano. Na medida que tais formas têm supostamente um caráter de generalidade e de universalidade, irão desempenhar um papel decisivo em qualquer atividade intelectual da pessoa, incluindo certamente a aprendizagem escolar. No entanto, os conteúdos escolares que possuem alto grau de especificidade (...) e, por conseguinte, a maneira como os alunos constroem progressivamente tais conteúdos nos é quase desconhecida. Portanto, será*

39. PETERS, R. S. *Educação como iniciação*. p. 120.

> *necessário conhecer com o máximo de detalhes o caminho que o aluno segue para a construção destes conhecimentos específicos, se desejamos realmente adequar os conteúdos escolares aos níveis de construção psicogenética; também será conveniente conhecer os procedimentos pelos quais o aluno vai se apropriando progressivamente destes conteúdos, se desejamos intervir eficazmente em sua aquisição.*[40]

Foi a utilização equivocada desse tipo de instrumento que resultou em uma série de inadequações na utilização das provas operatórias como diagnóstico do desempenho escolar. Esses equívocos são de ordem metodológica e epistemológica: confunde-se forma e conteúdo; acredita-se no "apriorismo" das estruturas cognitivas, no desenvolvimento como objetivo fundamental da aprendizagem escolar e na maturação biológica como determinante da aprendizagem.

A teoria de Piaget fornece instrumentos para que o professor conheça melhor o processo de construção do sistema cognitivo de seus alunos, principalmente quando surgem dificuldades no percurso de escolarização. Esse conhecimento, no entanto, deve ser acompanhado de análises complementares, tanto de caráter afetivo quanto de cunho estritamente pedagógicos, pois, do contrário, pode-se chegar a conclusões errôneas ou precipitadas sobre o potencial intelectual dos alunos avaliados. Observa-se, de fato, que muitas vezes as provas operatórias são utilizadas como mais uma forma de estigmatizar as crianças com dificuldades de escolarização, furtando-se, a escola, da responsabilidade sobre a aprendizagem de seus alunos.

2.5. Atividades pedagógicas

As atividades pedagógicas do diagnóstico psicopedagógico têm por objetivo avaliar as noções construídas pela criança a

40. COLL, C. *Piaget e a escola de Genebra*. p. 185.

respeito de determinados conteúdos escolares. O planejamento dessas atividades deve levar em conta a idade da criança, seu grau de escolarização e a queixa do professor ao encaminhá-la para a avaliação.

Em nossa experiência clínica temos observado que nas séries iniciais do ensino fundamental, as queixas sobre as crianças encaminhadas para avaliação psicopedagógica são geralmente difusas, referindo-se, na maioria das vezes, mais a atitudes e comportamentos do que a questões de fundo pedagógico propriamente ditas. Quando a escola consegue explicitar de forma mais objetiva onde se encontram as dificuldades escolares da criança, verifica-se que são as questões relativas ao manuseio da língua portuguesa que lideram a lista de queixas, seguidas, em proporção menor mas ainda significativa, pelas dificuldades matemáticas (falta de flexibilidade de raciocínio, dificuldade com os cálculos e com a resolução de problemas, etc.). Dessa forma, as atividades pedagógicas do diagnóstico concentram-se naturalmente nas áreas de Língua Portuguesa e Matemática.

2.5.1. Atividades pedagógicas de Língua Portuguesa

As dificuldades da escola em conseguir ensinar seus alunos a ler e escrever têm gerado várias tentativas de se rever as práticas pedagógicas relativas à alfabetização. Os estudos desenvolvidos por Ferreiro e Teberosky[41] trazem consigo uma mudança de enfoque em relação à alfabetização, com o eixo das preocupações deslocando-se do método de ensino para o processo de aprendizagem. As pesquisas a respeito da forma como a criança constrói as diferentes hipóteses sobre a língua escrita geram contribuições valiosas para todos os educadores interessados na etapa escolar que envolve o processo de letramento. Elas mostraram que alfabetizar-se implica uma construção de caráter conceptual, e não simplesmente uma transposição me-

41. FERREIRO, E.& TEBEROSKY, A. *Psicogênese da língua escrita.*

cânica da fala (fonema) para o código escrito (grafema). Além disso, pelo fato de ser uma construção conceptual, as crianças vão elaborando, dependendo do seu grau de desenvolvimento e do contato que possuem com situações em que a escrita é utilizada, diferentes conjecturas a respeito desse objeto de conhecimento social. Questões que anteriormente eram atribuídas a uma "falta" da criança, como, por exemplo, escrever "comendo" algumas letras, passam a ser compreendidas de forma radicalmente diferente. Omitir letras pode demonstrar que a criança encontra-se numa fase de transição de uma hipótese silábica (o som da sílaba é representado somente por uma letra) para uma hipótese alfabética (a sílaba é formada de duas ou mais letras), que gera o nosso código de linguagem escrita.

Desse modo, é fundamental que no diagnóstico psicopedagógico sejam propostas atividades que permitam avaliar as hipóteses da criança sobre a língua escrita. Tais atividades devem englobar esclarecimentos sobre a conquista da escrita alfabética, o nível de compreensão das características discursivas da linguagem e o seu uso nas diferentes funções sociais.

No processo de diagnóstico deve-se ter em mente que saber ler e escrever não significa apenas a capacidade de decodificar palavras. As palavras têm significado dentro de um texto que existe para comunicar idéias, interpretar a realidade, re-significar eventos, discorrer sobre sentimentos. A linguagem, tanto escrita como verbal, relaciona-se diretamente com o pensamento. É por meio dela que entramos em contato com os conhecimentos mais diversos, que expressamos nossos sentimentos e idéias sobre o mundo que nos cerca.

Dessa forma, avaliar o desempenho da linguagem de uma criança é muito mais do que apenas verificar se ela domina ou não o código alfabético. É observar como ela se comunica oralmente, como defende suas idéias, qual o entendimento que tem ao ler ou ouvir uma história de fadas, uma notícia de jornal, a instrução de uma atividade. Como se organiza para a elaboração de uma escrita espontânea, quais são seus erros mais comuns num ditado ou quando escreve um bilhete para um amigo.

A simples conquista do código alfabético não capacita a criança ao uso eficaz da língua, não garante sua compreensão de texto nem lhe permite utilizar a escrita como forma de comunicação e ampliação da compreensão da realidade. Apesar de a conquista do código alfabético ser uma condição necessária, não é suficiente para que a criança possa tornar-se um leitor e escritor competente, ou seja, conteúdos são necessários.

Dificuldades em desvendar o código gerador da escrita estão presentes em grande parte das crianças das primeiras séries do ensino fundamental encaminhadas para avaliação psicopedagógica. O diagnóstico, realizado segundo os preceitos desenvolvidos por Emília Ferreiro, é uma forma de desvelar em que fase do processo de aquisição da escrita a criança se encontra e quais são suas hipóteses a respeito desse objeto de conhecimento. Dessa maneira, é possível indicar para o professor formas mais adequadas e incisivas de intervenção nessa aprendizagem da criança, que tipos de atividades a beneficiariam e quais as melhores estratégias para desestabilizar suas atuais hipóteses, propiciando seu avanço para um patamar superior.

As atividades pedagógicas referentes à Língua Portuguesa empregadas no diagnóstico psicopedagógico desta pesquisa foram pautadas no referencial teórico apontado por Emília Ferreiro e Ana Teberosky[42] e variaram segundo o relato do professor a respeito do aluno. Nesse sentido, foi desenvolvido um tipo de tarefa para os alunos alfabéticos e outro para os não alfabéticos (que se encontravam nas fases pré-silábica, silábica ou silábica–alfabética), conforme descrição apresentada a seguir.

a) crianças não-alfabéticas

Objetivos: observar em que fase da lecto-escrita a criança se encontra; observar que tipo de relação a criança estabelece com a língua escrita.

Material: folha sulfite, lápis preto, lápis de cor, borracha e desenho de uma seqüência lógica de uma história (criança

42. FERREIRO, E.& TEBEROSKY, A. *Psicogênese da língua escrita.*

acordando, tomando café com a família, pegando o ônibus escolar, chegando na escola).

Procedimento: A pesquisadora apresenta a seqüência lógica da história fora da ordem e solicita à criança que a ordene, só que ao invés de escrever pede-lhe que faça um relato oral. Posteriormente, é feito um ditado de palavras e frases. A seguir, a criança é solicitada a ler o que escreveu. O ditado era composto das palavras rã, sapo, sopa, bola, bolo, cama, macaco, boneca, boca, futebol, banana, criança, brincadeira, cadeira e jabuticaba e das frases "As crianças jogaram futebol e comeram doce de banana" e "O menino viu um sapo e uma rã perto da lagoa".

b) crianças alfabéticas

Objetivos: observar se a escrita da criança é ainda oralizada (quando ela escreve literalmente como fala); se consegue elaborar um texto espontâneo; se o texto é coeso e coerente; se lê com compreensão ou apenas decodifica o que está escrito, perdendo o sentido do que foi lido; e por último, quais atitudes expressa perante uma atividade que solicita o uso da língua escrita.

Material: folha sulfite, lápis preto, lápis de cor, borracha, desenho de uma seqüência lógica de uma história (criança acordando, tomando café com a família, pegando o ônibus escolar, chegando na escola)e uma poesia.

Procedimento: A pesquisadora apresenta a seqüência lógica da história fora da ordem e pede que a criança a coloque na ordem correta dos acontecimentos, escreva a história contada pelos quadrinhos e, finalmente, leia o que escreveu. Posteriormente, solicita à criança que leia uma poesia em voz alta (A Casa, de Vinícius de Morais) e a comente com a pesquisadora.

Avaliação:

Nível I (fase pré-silábica) – caracterizada pela ausência de relação entre a escrita e os aspectos sonoros da fala, não havendo busca de correspondência entre letra e som;

Nível II (fase silábica) – início de uma correspondência entre a quantidade de letras utilizadas e a quantidade de sílabas que se deseja escrever;

Nível III (fase silábica–alfabética) – fase de transição, em que a criança utiliza de forma alternada as hipóteses silábica e alfabética;

Nível IV (fase alfabética) – a criança percebe que a sílaba não deve ser concebida como uma unidade e sim composta de duas ou mais letras. Apesar de aparentemente dominar o código escrito, não pode ser considerada completamente alfabetizada, pois não consegue estruturar seu texto, ignora o uso de qualquer sinal de pontuação, apresenta escrita bastante oralizada e, ao ler, desperdiça muito tempo na decodificação e acaba perdendo o sentido do texto;

Nível V – criança totalmente alfabetizada no sentido mais amplo do termo. Escreve com preocupação ortográfica e apresenta texto bem pontuado, coerente e coeso, garantindo ao leitor sua plena compreensão.

2.5.2. Atividades pedagógicas de Matemática

No que tange à Matemática, as demandas da escola em relação às crianças do ensino fundamental são de maneira geral bastante difusas, sendo que as queixas mais comuns referem-se a dificuldades de raciocínio dos alunos, a uma falta de compreensão das consignas dos problemas e à incapacidade de resolução adequada de contas.

Segundo Lerner de Zunino[43], para se elaborar estratégias de intervenção em classe que auxiliem efetivamente as crianças a pensar sobre o sistema de numeração e suas regras geradoras, é necessário que sejam consideradas as hipóteses que elas possuem a respeito da notação numérica. Suas pesquisas demonstram a importância de a criança, desde o início

43. LERNER DE ZUNINO, D. A *matemática na escola: aqui e agora*.

de sua escolarização, entrar em contato com várias situações em que os números estejam presentes, para que possa comparar números de diferentes grandezas, observar em que tipo de situação o número se faz presente, refletir sobre a escrita numérica, sua regularidade, etc. Será mediante a tais vivências que as crianças poderão testar suas hipóteses e aos poucos irem construindo a compreensão do valor posicional dos algarismos dentro do sistema numérico, fato fundamental para a compreensão das "contas armadas" que serão aprendidas nos primeiros anos do ensino fundamental.

Lerner de Zunino (op. cit.) relata vários casos de alunos que, antes de um contato formal com as operações, eram capazes de criar estratégias diversas para resolver problemas em que o raciocínio das quatro operações encontrava-se presente e que, quando passavam a ter um contato formal com esses algoritmos, deixavam de lado essas estratégias e sentiam-se incapazes de resolver as questões que lhes eram propostas. Este fato trouxe a confirmação de que a Matemática no ensino fundamental precisa ser vista como um processo de "matematização" da realidade e não como uma acumulação de técnicas descontextualizadas.

Em pesquisa realizada com crianças pobres da periferia de Recife, Carraher[44] demonstra que existem "dois tipos de saber matemático": um utilizado pela criança pobre na rua, no trabalho na feira, na venda no semáforo, na divisão dos lucros e outro circunscrito à escola. A mesma criança que opera agilmente em seu trabalho é, muitas vezes, apontada pelos professores como portadora de um raciocínio lento que a impossibilita de aprender as operações matemáticas na escola. Fica constatado que, nesses casos, há um fosso entre os ensinamentos escolares e a matemática que a criança utiliza em seu cotidiano.

Ter em mente essas questões apontadas tanto por Lerner de Zunino quanto por Carraher levou-nos a elaborar uma avaliação psicopedagógica na área de Matemática, cujas ativida-

44. CARRAHER, T. N.; CARRAHER, D.; SCHLIEMANN, A. *Na vida dez, na escola zero.*

des propostas estivessem inseridas em uma situação cotidiana que trouxesse um problema que necessitava ser interpretado, de modo que a criança pudesse elaborar diversas estratégias de solução. Elas objetivam, em essência, identificar as hipóteses que a criança possui a respeito do sistema de notação numérica e os recursos, tanto técnicos quanto de raciocínio, que utiliza para a resolução dos problemas apresentados.

Apresento, a seguir, a descrição das atividades de matemática realizadas no diagnóstico psicopedagógico deste trabalho.

Objetivo: observar as hipóteses das crianças sobre a notação numérica e a respeito do valor posicional dos algarismos numéricos, o tipo de estratégias a que recorrem para a solução dos problemas e como é seu desempenho em situações de cálculo referenciadas em vivências cotidianas ou quando solicitadas ao uso da conta armada sem nenhum tipo de contextualização.

Material: folha de papel sulfite, lápis, borracha e palitos para contagem.

Procedimento: A pesquisadora, primeiramente, faz um ditado de números; posteriormente, solicita às crianças que comparem os números registrados e apontem os de maior valor. Em seguida, pede aos alunos que resolvam situações problemas que envolvam o raciocínio da adição, multiplicação, subtração e divisão. Por último, as crianças devem realizar algumas operações por meio do cálculo mental ou da conta armada. Apresentam-se as operações, e caso seja observado algum tipo de dificuldade na resolução, a pesquisadora procura inserir a tarefa solicitada em uma situação cotidiana.

O ditado compõe-se dos números 3, 5, 10, 15, 18, 20, 25, 50, 100, 105, 125, 200, 230, 500 e 1 000.

Os problemas propostos para as crianças são: (1) Maria foi à feira e comprou 8 maçãs, 15 laranjas, 4 pêras e 2 mamões. Quantas frutas Maria comprou ao todo? (2) Júlio tinha 23 reais, gastou 12 reais no supermercado. Com quanto dinheiro ficou? (3) Um menino tinha 96 bolinhas de gude. Perdeu 62 no jogo. Quantas bolinhas ele precisa conseguir para voltar a ter a quantidade que possuía antes do jogo começar? (4) Sílvia tem 3 camisetas e 2 saias. Quantos conjuntos diferentes ela pode formar? (5) Um prédio tem 12 andares e 8 apartamentos por andar. Quantos apartamentos tem ao todo esse prédio? (6) Norma trouxe do supermercado uma caixa de chocolate Bis para seus 5 filhos. Quantos chocolates cada um vai ganhar, sabendo-se que na caixa vêm 20 chocolates? As operações matemáticas propostas foram: (1) 5+5; (2) 4+6; (3) 7+3; (4) 10+10; (5) 14+6; (6) 13+7; (7) 100+100; (8) 10–5; (9) 9–4; (10) 20–5; (11) 19–4; (12) 100–50; (13) 10.10; (14) 50.2; (15) 12.3; (16) 10:2; (17) 15:3; e (18) 100:2.

Avaliação:

Nível I – a criança desconhece a notação convencional de números pequenos (acima de 10), não compreende a posicionalidade dos algarismos em nosso sistema numérico, não se utiliza da linguagem matemática para representar o raciocínio empregado na resolução de um problema (necessidade de desenhar concretamente a situação proposta), necessita de material de contagem para solucionar as operações;

Nível II – a criança utiliza a notação convencional em números de até 2 algarismos (0 a 99), começa a formular hipóteses a respeito da posicionalidade dos algarismos de nosso sistema numérico, recorre tanto ao desenho quanto à linguagem matemática para expressar seu raciocínio na resolução de uma situação problema, não necessita de material de contagem ou do algoritmo nas operações mais simples (que envolvem números com poucos algarismos);

Nível III – a criança utiliza a notação convencional (pelo menos até a casa dos milhares), compreende a posicionalidade implícita em nosso sistema numérico, recorre à linguagem matemática para expressar seu raciocínio em situações problemas, resolve as operações mediante o uso do cálculo mental ou do algoritmo (nas contas mais trabalhosas).

2.6. PROCEDIMENTO DE DIAGNÓSTICO PSICOPEDAGÓGICO

O processo diagnóstico, processo de investigação que visa a obtenção do reconhecimento de um sujeito e do meio onde seus "problemas" se manifestam, compõe-se de pesquisas envolvendo aspectos cognitivos, emocionais e pedagógicos. Ao analisar o contexto onde as dificuldades de aprendizagem se manifestam, tem-se por meta auxiliar o professor a elaborar instrumentos de intervenção que ajudem os alunos com dificuldade a superar seus conflitos. O diagnóstico não deve ser visto como um julgamento definitivo, posto que sempre existe a possibilidade de intervenção e modificação da situação apresentada. Sua principal função é criar condições que gerem uma real transformação do quadro estabelecido.

O diagnóstico psicopedagógico deve buscar conhecer a criança, observar seus interesses e necessidades, identificar seus conhecimentos e habilidades, verificar os recursos disponíveis que possui para aprender. Seu principal objetivo é fornecer informações a respeito do processo de aprendizagem da criança, para que possa ocorrer um replanejamento das atividades desenvolvidas em classe, pautado nas informações obtidas. É por isso que a parceria entre psicopedagogo e escola é fundamental para que ocorra uma real transformação da situação escolar da criança[45].

A avaliação psicopedagógica deve estar comprometida com o crescimento do aluno, para não se tornar mais uma forma de classificar, rotular e estigmatizar as crianças que encontram dificuldades em seu percurso de escolarização. Dessa forma, desenvolve-se na busca de respostas para as seguintes questões:

- Quais os recursos que o sujeito tem para aprender?
- Como utiliza esses recursos? (Será que não aprender para este sujeito é uma reação a um meio hostil, não motivador, que desrespeita suas necessidades intelectuais e afetivas?)

45. MANTOVANINI, M. C. *A psicopedagogia clínica e a escola: uma parceria ainda em construção.*

- Como se relaciona com os diferentes objetos de conhecimento? (Qual a dimensão atribuída ao professor e a si próprio ao interagir, ou não, com um novo objeto de conhecimento?)
- Como sua auto-imagem influencia sua relação com a aprendizagem? (Será que ser um "mau aluno" não seria a única forma de garantir uma certa legitimidade no grupo em que está inserido?)

Ter essas questões em mente auxilia o psicopedagogo a promover uma avaliação mais abrangente, que não busque reduzir a uma única causa (centrada exclusivamente na criança, no professor ou na escola) as dificuldades de aprendizagem escolar.

Todo diagnóstico necessita de uma contextualização. A criança que está sendo avaliada tem uma história, pertence a uma família, estuda numa determinada escola, pertence a um grupo (classe) com dinâmicas próprias, com uma professora específica. Para melhor revelar as origens das dificuldades escolares enfrentadas pela criança, o diagnóstico psicopedagógico deve envolver a caracterização do contexto, a caracterização da situação individual e a avaliação do desenvolvimento intelectual.

Na caracterização do meio onde ocorre a aprendizagem, destacam-se os aspectos referentes à organização da escola (desde o arranjo físico do local até a quantidade de alunos por sala, se há orientador e coordenador pedagógicos, se há professores substitutos para suprir faltas do titular, etc.) e aos recursos disponíveis (biblioteca, diversidade de material didático, laboratório, aparelhos de vídeos, etc.). A caracterização do contexto ajuda o terapeuta a singularizar o sujeito avaliado, entendendo como a criança transita nessa escola, nesse grupo-classe, com essa professora. Compreender as dinâmicas inerentes à escola e as relações que os sujeitos estabelecem com estas dinâmicas é mais uma forma de esclarecimento das dificuldades enfrentadas pelo aluno em seu processo de aprendizagem. Como ressaltou Visca,

> *(...) não é possível entender o significado e o alcance da influência do meio como um "a priori". Aqueles que o afirmam fazem-no baseando-se em uma concepção meio-ambientalista que atribui ao meio a capacidade onipotente de produzir tudo; ao contrário, aqueles que o negam rotundamente, priorizam o sujeito, apoiando-se em uma concepção inatista segundo a qual o que conta é apenas o sujeito.*[46]

Para a descrição da situação individual da criança, podem ser realizadas entrevistas com a família (para um levantamento do histórico de desenvolvimento da criança) e, principalmente, com a escola (para a compreensão da queixa). É realizada também, como forma de iniciar o diagnóstico, uma entrevista com o próprio sujeito sobre as dificuldades que vem enfrentando na escola, sua relação com os colegas e professores, sobre as matérias de que mais gosta, como se organiza para fazer a lição de casa, etc. Observe-se que, nesta pesquisa, foram realizadas apenas as entrevistas com professores e orientadores e com as crianças avaliadas, não tendo sido desenvolvidos contatos com as famílias.

Para a avaliação do desenvolvimento intelectual da criança, utilizam-se as provas operatórias e as atividades pedagógicas. Nesta fase do diagnóstico busca-se em especial observar o desempenho escolar da criança, como se comporta diante das diferentes instruções dadas, ou seja, se há mudanças no seu desempenho quando estas instruções assemelham-se a atividades escolares ou quando são formuladas de forma mais próxima às vivências não-escolares.

Neste trabalho o diagnóstico psicopedagógico foi realizado com alunos do primeiro período da 3ª série do ensino fundamental 1 de uma escola pública da rede municipal localizada num bairro da zona sul, na cidade de São Paulo.

Visando a discutir a compreensão do professor a respeito daquilo que denomina "*dificuldade de aprendizagem*" e "*alu-*

46. VISCA, J. *Clínica psicopedagógica: epistemologia convergente*. p. 32- 3.

no problema", o trabalho de campo envolveu a avaliação psicopedagógica de alunos "bem-sucedidos" e de alunos portadores de "distúrbios de aprendizagem", segundo a indicação de seus professores.

Quando iniciamos a pesquisa, no primeiro semestre de 1995, já imaginávamos que as queixas dos professores sobre os alunos com dificuldades de aprendizagem seriam muitas. No entanto, acreditávamos ser interessante, num primeiro momento, possibilitar que essas queixas aflorassem de um modo espontâneo, sem condições prédeterminadas, pois seria mais um indício de como a instituição enfrentava as dificuldades escolares de seus alunos. Desse modo, ficou definido que os professores da 1ª à 4ª séries apresentariam uma lista de crianças com "problemas de aprendizagem", procurando especificar que tipo de dificuldade elas possuíam e se já haviam sido encaminhadas para algum tipo de atendimento.

A lista apresentada pelos professores era muito grande. Representava quase 40% dos alunos matriculados da 1ª à 4ª série da escola. Deixamos a critério da coordenadora pedagógica a escolha das crianças que deveríamos começar a avaliar, pois essas primeiras entrevistas serviriam para adaptação e redimensionamento dos instrumentos de trabalho. Assim avaliamos oito crianças de duas salas (2ª e 3ª séries). Essas classes concentravam um número grande de alunos com problemas de aprendizagem e, segundo a coordenadora, tinham as duas melhores professoras da escola, pois essas profissionais conseguiam bons resultados em sala de aula, recuperando grande parte dos alunos considerados "portadores de alguma deficiência" por outros professores.

Inicialmente foi realizada uma avaliação-piloto, com o objetivo de testar os instrumentos de avaliação e de definir o número de sujeitos e classes com os quais iríamos desenvolver a pesquisa. Foi por meio dessa avaliação preliminar que percebemos a necessidade de desenvolver a pesquisa em bases comparativas: iríamos avaliar crianças consideradas pelo professor como bem-sucedidas em contraposição àquelas consideradas problemáticas. A escolha da classe, 3ª série do primeiro período, veio ao encontro de um pedido da Coordenação da escola, pois nesse momento da escolarização há um grande acúmulo de crianças com dificuldades de aprendizagem, posto que nas duas séries anteriores não há reprovação.

Antes de retomarmos a avaliação com as crianças, observamos que seria adequado promover um encontro da pesquisadora com o corpo docente das quatro primeiras séries do ensino fundamental. A necessidade de tal encontro impunha-se pelo fato de termos percebido que havia uma expectativa muito grande dos professores e da coordenação pedagógica quanto ao papel da pesquisadora dentro da escola. Essa expectativa podia ser observada no papel mágico e onipotente que muitos dos professores estavam depositando na avaliação que seria feita dos seus alunos. Nesses momentos, parecia que eles entregavam para a pesquisadora todo o poder e a competência, esvaziando-se de seu saber e experiência. Como se alguém vindo de fora trouxesse uma "fórmula secreta", o segredo da "cura" ou conhecimentos a que eles nunca tiveram acesso e que, num passe de mágica, removeriam as dificuldades que enfrentavam diariamente em sala de aula. Contrapondo-se a esse grupo de professores, havia os descrentes, os que olhavam para a pesquisadora "com o rabo do olho", os que pareciam não apostar em mais nenhuma alternativa que lhes auxiliasse a desempenhar um papel mais adequado em sala de aula, como se eles e seus alunos problemas não tivessem mais esperança, fossem casos perdidos.

Nesse encontro, que durou quatro horas e ocorreu num horário de planejamento dos professores, procuramos esclarecer para o corpo docente os objetivos e limites da pesquisa e sobre qual concepção de desenvolvimento cognitivo e afetivo iríamos nos pautar na avaliação que seria efetuada com as crianças. Os temas abordados na ocasião seguiram os seguintes tópicos:

a) papel da pesquisadora na Instituição, o desenrolar da pesquisa, possíveis parcerias entre a pesquisadora e os professores;

b) a relação entre conhecimento de modelos teóricos e prática docente;
c) as características principais do desenvolvimento intelectual e afetivo da criança entre 7 e 12 anos de idade; e
d) algumas possibilidades de intervenção em sala de aula.

Após esse encontro, observamos um clima mais cooperativo e um maior envolvimento nas tarefas propostas pela pesquisadora, o que facilitou em muito o andamento do trabalho desenvolvido ao longo do ano de 1996 e primeiro semestre de 1997. Essas discussões com os professores permitiram também caracterizar a escola quanto ao nível de organização e recursos materiais disponíveis.

As quatro salas de aula do primeiro período (horário das 7 às 11 horas da manhã) da 3ª série do ensino fundamental 1 foram escolhidas para a realização da pesquisa de campo. Compuseram o universo da pesquisa 24 crianças (seis de cada classe), metade delas não apresentando problemas de aprendizagem e a outra metade com dificuldades diversas, segundo o relato dos professores.

As avaliações individuais ocorreram no horário de aula das crianças, numa sala que não era ocupada nesse período. Iniciavam-se com uma entrevista com a criança a respeito de sua vida familiar e de seu desempenho escolar.

Os alunos chegavam para a avaliação mostrando-se geralmente apreensivos. Iniciávamos nossas conversas fazendo as devidas apresentações e explicando o que iríamos fazer. Nessa entrevista procurávamos, primeiramente, obter dados sobre a vida familiar da criança: número de irmãos, ocupação dos pais, se viviam juntos ou separados, se todos os irmãos freqüentavam a escola, atitude dos pais a respeito dos malogros ou êxitos dos filhos na escola, etc. Em seguida, conversávamos sobre como a criança estava avaliando o seu desempenho escolar; o que mais gostava e o que menos gostava de fazer na escola; matérias para as quais possuía facilidade ou dificuldade; quais as condições necessárias para ser um bom aluno; o que deveria fazer para ter um bom desempenho escolar, etc.

Após esta fase, foi realizada a avaliação do desenvolvimento intelectual da criança, envolvendo a análise do raciocínio operatório e das noções construídas a respeito dos conteúdos escolares nas áreas de Língua Portuguesa e Matemática. Nessa avaliação foram empregadas as provas operatórias baseadas no Método Clínico de Jean Piaget; e as atividades didáticas de Língua Portuguesa (referenciadas nas pesquisas de Emília Ferreiro e Ana Teberosky) e Matemática (referenciadas nas pesquisas de Délia Lerner de Zunino), conforme descritas anteriormente neste capítulo.

As entrevistas duravam cerca de duas horas. Íamos, aos poucos, conseguindo estabelecer um clima agradável de trabalho, com as crianças tornando-se mais soltas e menos ressabiadas. Apesar de a sala de aula destinada a esses encontros ser um local extremamente inóspito, sem iluminação adequada, sujo (o chão era coberto de lixo, resto de lanche de criança, papel amassado, lata de refrigerante, etc.), com a maior parte das carteiras escolares quebrada (tornando difícil conseguir um lugar mais confortável para se sentar e trabalhar), não observamos que as crianças tenham ficado muito cansadas com a avaliação. Ao contrário, reclamavam pedindo que ficassemos mais um pouco e, posteriormente, quando nos víamos na escola, acenavam e perguntavam se iríamos nos encontrar novamente.

Sabemos que a avaliação psicopedagógica realizada, apesar de permitir observar aspectos importantes tanto referentes ao desenvolvimento cognitivo das crianças quanto em relação à sua aprendizagem escolar, poderia ser completada com inúmeras outras atividades, que possibilitariam uma visão ainda mais ampla de aspectos relevantes do desenvolvimento intelectual e afetivo das crianças por nós avaliadas. No entanto, uma tarefa desse vulto necessitaria de outro tipo de condições e estrutura, diferentes das nossas possibilidades reais. Além disso, para os objetivos desse trabalho, a avaliação que realizamos, apesar de não contar com todas as etapas previstas para um diagnóstico psicopedagógico mais completo (não foram realizadas entrevistas com as famílias, nem atividades que visassem apurar mais profundamente aspectos do desenvolvimento afetivo das crianças, por exemplo), foi suficiente e de grande valia na análise do nosso problema de estudo central, qual seja, *a visão que o professor possui a respeito do que denomina dificuldade de aprendizagem e aluno problema.*

3

Apresentação e análise do diagnóstico psicopedagógico

Neste capítulo apresentam-se e analisam-se os resultados do diagnóstico psicopedagógico realizado com 24 crianças da 3ª série do ensino fundamental de uma escola municipal localizada no bairro do Jabaquara, na cidade de São Paulo.

As crianças participantes desta pesquisa foram indicadas pelos quatro professores das classes do primeiro período. A cada professor foi solicitado que encaminhasse seis crianças, metade correspondendo a alunos com bom desempenho escolar e a outra metade formada por alunos com dificuldades de aprendizagem. Tendo sido esta a única diretriz fornecida pela pesquisadora, todos os demais critérios utilizados na seleção foram de exclusiva responsabilidade de cada professor, que deveriam apenas apresentar um relatório sucinto justificando o porquê da inclusão da criança em um ou em outro grupo.

Desta forma, foram formados para a pesquisa dois grupos de doze alunos: o grupo 1, formado por crianças com algum tipo de dificuldade de aprendizagem segundo a avaliação de seus professores, e o grupo 2, composto por crianças consideradas "bons alunos" por seus professores.

A avaliação psicopedagógica de cada criança, realizada pela pesquisadora no espaço da própria escola, seguiu os seguintes passos:

a) recebimento e leitura do relatório elaborado pelo professor;
b) entrevista aberta com as crianças, enfocando aspectos da vida pessoal e familiar (como data do aniversário,

brincadeira preferida, número de irmãos, ocupação dos pais, organização familiar, tipo de tarefa que exerce no lar, tipo de interferência dos pais em relação ao desempenho escolar da criança, etc.) e aspectos da vida escolar (do que mais gosta e do que menos gosta na escola, o que é muito difícil e muito fácil na escola, como é sua professora, por que é bom aprender, o que é necessário para ser um bom aluno, etc.);

c) realização de provas operatórias, envolvendo provas de conservação (de número, massa, líquido e comprimento), prova de classificação com as figuras geométricas dos Blocos Lógicos e provas de seriação com palitos;

d) realização de atividades pedagógicas, compreendendo atividades de Língua Portuguesa (ditado ou construção de um texto a partir de uma seqüência lógica e leitura de uma poesia) e de Matemática (ditado de números, escolha do maior número de uma série, resolução de problemas e de cálculos).

Os resultados do diagnóstico psicopedagógico de cada criança – envolvendo dados sobre a avaliação prévia do professor, a síntese das entrevistas com as crianças e os resultados das provas operatórias e das atividades pedagógicas – encontram-se em Mantovanini, M. C.[47]. A seguir, segue uma síntese dos dados obtidos nessa avaliação.

3.1. SÍNTESE DOS RESULTADOS DO DIAGNÓSTICO PSICOPEDAGÓGICO

AVALIAÇÃO DOS PROFESSORES

A partir da análise dos relatos efetuados pelos professores a respeito dos alunos encaminhados, foi possível observar que os critérios utilizados para avaliação (e, conseqüentemente, a inclusão

47. MANTOVANINI, M. C. *O olhar do professor ao diagnosticar as dificuldades de aprendizagem: critérios e justificativas empregados na escolha dos bons e maus alunos.*

da criança em um ou outro grupo) restringiram-se, de um modo geral, aos seguintes aspectos: atitudes em sala de aula, questões de ordem física ou emocional e nível de produção escolar.

Na síntese da avaliação dos professores, apresentada nas tabelas 3.1. (grupo 1 – alunos com dificuldades de aprendizagem) e 3.2. (grupo 2 – alunos sem dificuldades de aprendizagem), as justificativas explicitadas em relação aos três critérios de avaliação foram resumidas em "atitudes adequadas" e "atitudes inadequadas".

Em relação ao critério **atitude em sala de aula**, exemplos de atitudes adequadas são a obediência ao professor, não bagunçar, não se contrapor ao professor, ter bom relacionamento com o grupo e o professor, independência na realização das tarefas e assiduidade, enquanto os exemplos de atitudes inadequadas são a lentidão na execução das tarefas, a não-participação nas aulas, não defender suas idéias, não contribuir para discussões no grupo, "agitar" o grupo de amigos, ser gozador, apresentar dificuldade de concentração e organização.

Nas **questões de ordem física ou emocional**, exemplos de atitudes adequadas são equilíbrio e segurança, sendo dispersão, apatia, agitação, agressividade, carência, doenças (cardíacas, neurológicas, etc.) e existência de problemas familiares exemplos de atitudes inadequadas.

Finalmente, no que tange ao critério **produção escolar**, exemplos de produção adequada são a capacidade adequada de raciocínio lógico-matemático, domínio da leitura e escrita, responsabilidade e cuidado na execução das tarefas, facilidade na interpretação de textos, sendo exemplos de produção inadequada a falta de domínio da leitura e escrita, repetência, cópia incompleta das lições, lentidão no raciocínio matemático e resolução de cálculos.

TABELA 3.1.
SÍNTESE DA AVALIAÇÃO DO PROFESSOR – CRIANÇAS DO GRUPO 1

criança	idade	atitude em sala de aula	questões de ordem física ou emocional	produção escolar
CAR	8,8	inadequada	inadequada	inadequada
EV	9,9	inadequada	inadequada	inadequada
DAÍ	10,5	inadequada	inadequada	inadequada
EVE	11,4	inadequada	inadequada	inadequada
ITA	11,4	inadequada	inadequada	inadequada
DA	9,6	inadequada	inadequada	(*)
CRI	9,9	inadequada	inadequada	inadequada
VAL	11,6	inadequada	inadequada	inadequada
TAT	13,8	inadequada	inadequada	inadequada
RAF	9,6	inadequada	inadequada	inadequada
SAB	9,6	inadequada	inadequada	inadequada
DAN	9,8	inadequada	inadequada	inadequada

(*) sem referência explícita

Tabela 3.2.
Síntese da avaliação do professor – crianças do grupo 2

criança	idade	atitude em sala de aula	questões de ordem física ou emocional	produção escolar
CIN	9,3	adequada	(*)	adequada
THAI	9,4	adequada	(*)	adequada
TAI	9,5	adequada	(*)	adequada
MAU	9,8	adequada	(*)	adequada
KEL	10,2	adequada	(*)	adequada
ALI	9,4	adequada	(*)	adequada
MAX	9,5	adequada	(*)	adequada
PRI	9,8	adequada	adequada	(*)
PAT	9,7	adequada	adequada	(*)
REN	9,5	adequada	(*)	adequada
ADE	9,9	adequada	(*)	adequada
PRIS	9,4	adequada	adequada	adequada

(*) sem referência explícita

Entrevistas com as crianças

Das entrevistas iniciais desenvolvidas com as crianças, pode-se sintetizar os elementos de análise descritos a seguir.

a) Postura das crianças ao iniciar a avaliação

Foram observados, como exemplos de posturas que favorecem o contato da criança com a psicopedagoga, produzindo impactos positivos na própria avaliação, a curiosidade, a desinibição, a compenetração, a tranqüilidade e a segurança. Como exemplos contrários, de posturas que dificultam esse contato, citam-se a timidez excessiva, a agitação, e a apreensão em excesso (crianças que perguntavam para a pesquisadora, o tempo todo, se estavam corretas).

b) Formas utilizadas pelas crianças para relatar sua vida familiar e pessoal

Em relação a este aspecto da entrevista, foram constatados exemplos de relatos desenvoltos, em que a criança narra com facilidade aspectos da sua vida pessoal e familiar (data de aniversário, número de irmãos, idade e grau de escolaridade deles, ocupação profissional dos pais, com quem mora, relação dos pais com o seu desempenho escolar, etc.). Houve também vários exemplos de relatos sem desenvoltura, nos quais a criança narra com dificuldade, de forma truncada, dificultando a compreensão do ouvinte, aspectos significativos de sua vida pessoal e familiar (não sabe dizer quando faz aniversário, fica insegura ao responder perguntas sobre sua constelação familiar, não sabe denominar a profissão dos pais, não tem opinião a respeito da postura dos pais sobre seu desempenho escolar, etc.).

c) Relação da criança com a escola

Nesta etapa da entrevista buscou-se avaliar as relações estabelecidas entre o aluno e a escola, com as crianças sendo questionadas sobre se gostavam ou não da escola e por quê. Nas respostas que denotam relações positivas (no sentido de favorecer o contato e a inserção da criança na escola), os aspectos ressaltados para justificar o gostar da escola são, por exemplo, aprender coisas novas, a hora do recreio, comer merenda, a aula de Educação Física, as lições, as provas, os amigos, as brincadeiras, considerar a maioria das aulas fáceis ou agradáveis. Nas respostas que vão em sentido contrário, denotando relações de conflito com a escola, os aspectos ressaltados são, por exemplo, não aprender, ficar sem fazer nada, haver bagunça na sala, ter de esperar a professora pôr ordem na classe, nunca ser chamado na lousa, considerar todas as disciplinas difíceis ou chatas.

d) Relação da criança com seu desempenho escolar

Nesta parte da entrevista, procurou-se observar essencialmente dois aspectos: a avaliação que a criança faz de seu desempenho escolar e as possibilidades que ela vislumbra para incrementar esse desempenho. Exemplos de justificativas para auto-avaliações positivas são: fazer as tarefas e as entregar em dia, realizar as lições com capricho, ser sempre chamado na lousa, ser elogiado pela professora, não fazer bagunça. Nas auto-avaliações negativas, as justificativas para se considerar mau aluno são, por exemplo: não conseguir fazer todas as lições, nunca ser chamado na lousa, a professora não ter mais paciência para ensinar-lhe as matérias, ter "cabeça dura", "os números e as letras não entrarem na sua cabeça", fazer muita bagunça e a professora nunca a elogiar. No que tange às possibilidades de melhoria do desempenho escolar, foram observadas situações em que a criança vislumbra possibilidades de melhorar seu desempenho citando atitudes como: fazer menos bagunça, realizar as lições, estudar mais em casa, prestar atenção na aula. Foram também registradas situações em que a criança não vê possibilidades concretas de melhoria, já que foram citadas como "atitudes" que modificariam seu desempenho escolar a necessidade de nascer com outra cabeça e ter a cabeça "menos dura".

e) Relação da criança com seu professor

Das respostas obtidas, observam-se referências empáticas, com o professor sendo visto como legal, presente, motivador, respeitado, desafiador, e referências não-empáticas, em que o professor é visto como ausente, impaciente, bravo, alguém que ensina coisas chatas, que não consegue pôr ordem na classe, que perde muito tempo pedindo silêncio, que não observa minhas lições e nunca me chama na lousa.

3.2. Provas operatórias

As tabelas 3.3. e 3.4. apresentam os diferentes níveis alcançados pelas crianças nas três etapas do diagnóstico operatório (provas de conservação de quantidade, massa, líquido e comprimento; classificação das figuras geométricas dos Blocos Lógicos e seriação de palitos). Conforme descrito no capítulo 2, cada nível refere-se a uma etapa de desenvolvimento do pensamento operatório. Nas provas de conservação, classificação e seriação, podemos resumi-los da seguinte maneira:

a) prova de conservação
- nível I – a criança guia seu pensamento pelas mudanças aparentes dos objetos, faltando ao raciocínio uma lógica inerente ao pensamento conservatório;
- nível II – é caracterizado por oscilações no pensamento da criança, que pode fornecer uma primeira resposta aparentemente conservadora, para posteriormente retroceder quando questionada pelo experimentador. Nesta fase ocorre, também, de a criança ter dificuldade em justificar suas respostas;
- nível III – o pensamento da criança é conservador, pois já pode perceber que mesmo sofrendo alterações em sua aparência, os objetos continuam conservando as mesmas propriedades. Os julgamentos da criança, nesta fase, são estáveis e reversíveis.

b) prova de classificação
- nível I – a criança agrupa algumas peças semelhantes, mas não consegue criar e manter um único critério. Às vezes, a criança deixa de agrupar todos os elementos existentes;
- nível II – a criança elabora grupos pequenos e que se apresentam em formas justapostas em subconjuntos, pois ainda não há inclusão de classe;
- nível III – neste nível ocorre inclusão de classe.

c) prova de seriação
- nível I – a criança elabora pares ou pequenos grupos, não existindo uma coordenação entre eles;
- nível II – a criança realiza a série inteira e correta, porém por ensaio e erro;
- nível III – seriação operatória, pois a criança procura o maior e o menor palito da série e seus respectivos sucessores, havendo uma antecipação de cada passo, referente à realização da série.

TABELA 3.3.
SÍNTESE DAS PROVAS OPERATÓRIAS – CRIANÇAS DO GRUPO 1

criança	**conservação**	**classificação**	**seriação**
CAR	níveis II a III	nível II	nível II
EV	nível III	nível III	nível III
DAÍ	níveis I a III	nível I	nível II
EVE	nível III	nível III	nível III
ITA	níveis I a III	nível II	nível II
DA	nível III	nível III	nível III
CRI	nível III	nível III	nível III
VAL	nível III	nível III	nível III
TAT	níveis I a III	nível II	nível II
RAF	nível III	nível II	nível III
SAB	nível III	nível III	nível III
DAN	níveis II a III	nível II	nível II

TABELA 3.4.
SÍNTESE DAS PROVAS OPERATÓRIAS – CRIANÇAS DO GRUPO 2

criança	**conservação**	**classificação**	**seriação**
CIN	nível III	nível II	nível III
THAI	nível III	nível III	nível III
TAI	níveis I a III	nível II	nível II
MAU	nível III	nível III	nível III
KEL	níveis I a III	nível II	nível II
ALI	nível III	nível III	nível III
MAX	nível III	nível III	nível III
PRI	nível III	nível III	nível III
PAT	níveis II a III	nível II	nível II
REN	nível III	nível III	nível III
ADE	nível III	nível II	nível III
PRIS	níveis II a III	nível II	nível II

3.3. Provas pedagógicas

Nas tabelas 3.5. e 3.6. encontra-se uma síntese dos resultados alcançados pelas crianças nas atividades pedagógicas de Língua Portuguesa e Matemática. Os diferentes níveis utilizados para avaliar o desempenho nessas atividades encontram-se descritos de forma detalhada no capítulo 2. Apresenta-se abaixo um resumo dos níveis de avaliação adotados.

a) Língua Portuguesa

- nível I (fase pré-silábica) – caracterizada pela ausência de relação entre a escrita e os aspectos sonoros da fala;
- nível II (fase silábica) – início de uma correspondência entre a quantidade de letras utilizadas e a quantidade de sílabas;
- nível III (fase silábica-alfabética) – emprego alternado de hipóteses silábicas e alfabéticas;
- nível IV (fase alfabética) – a criança compreende que a sílaba é composta por duas ou mais letras, porém não pode ser considerada totalmente alfabetizada, pois ainda não consegue estruturar o seu texto, ignora o uso dos sinais de pontuação, sua escrita é ainda muito oralizada e a leitura pouco fluente, perdendo muito tempo com a decodificação;
- nível V – a criança é considerada totalmente alfabetizada. Em sua escrita aparecem preocupações ortográficas, seu texto é bem pontuado, coeso e coerente, garantindo a plena compreensão do leitor.

b) Matemática

- nível I – a criança desconhece a notação convencional de números pequenos, não compreende a posicionalidade dos algarismos inerentes ao nosso sistema numérico, não utiliza da linguagem matemática para expressar seu raciocínio na resolução de um problema, necessita de material de contagem para solucionar cálculos, mesmo os muito simples;

- nível II – a criança emprega a notação convencional em números com até dois algarismos, começa a construir hipóteses a respeito da posicionalidade do nosso sistema numérico, recorre tanto à Matemática quanto ao desenho para expressar o seu raciocínio, nos cálculos mais simples não necessita de material de contagem;
- nível III – a criança emprega a notação convencional em números até os milhares, compreende a posicionalidade implícita em nosso sistema numérico, utiliza a linguagem matemática para expressar o seu raciocínio, soluciona as contas mediante o uso do cálculo mental e do algoritmo (nas contas mais trabalhosas).

TABELA 3.5.
SÍNTESE DAS PROVAS PEDAGÓGICAS – CRIANÇAS DO GRUPO 1

criança	atividade de Língua Portuguesa	atividade de Matemática
CAR	nível IV	nível II
EV	nível V	nível III
DAÍ	nível II	nível I
EVE	nível III	nível III
ITA	nível IV	nível II
DA	nível V	nível III
CRI	nível IV	nível III
VAL	nível IV	nível III
TAT	nível IV	nível II
RAF	nível IV	nível II
SAB	nível V	nível III
DAN	nível IV	nível I

TABELA 3.6.
SÍNTESE DAS PROVAS PEDAGÓGICAS – CRIANÇAS DO GRUPO 2

criança	atividade de Língua Portuguesa	atividade de Matemática
CIN	nível IV	nível II
THAI	nível V	nível III
TAI	nível IV	nível II
MAU	nível V	nível III
KEL	nível IV	nível II
ALI	nível V	nível III
MAX	nível V	nível III
PRI	nível V	nível III
PAT	nível IV	nível II
REN	nível V	nível III
ADE	nível V	nível III
PRIS	nível IV	nível II

3.4. ANÁLISE DAS AVALIAÇÕES PSICOPEDAGÓGICAS

Os dados referentes ao encaminhamento dos professores serão analisados no capítulo 4 deste livro, onde se aprofunda a discussão a respeito da visão docente sobre o que são *problemas de aprendizagem*.

Tal como foi visto no capítulo 2, a teoria piagetiana fornece elementos que tornam possível não só compreender e categorizar as condutas dos sujeitos no que se refere à operatoriedade, como também (por meio dos trabalhos devidos principalmente a Emília Ferreiro e Délia Lerner) compreender aspectos do desenvolvimento cognitivo da criança, de tal modo que torna possível inferir subsídios de natureza pedagógica, como foi feito em relação às atividades de Língua Portuguesa e Matemática. No entanto, a teoria de Piaget não oferece subsídios de análise similares aos intelectuais para as questões de ordem afetiva e social. Este fato ocorre não por Piaget desconsiderar tais aspectos – uma vez que em sua obra *O Juízo Moral*, de 1932, procurou abranger essas questões – mas porque, a partir desse período, optou por concentrar-se nas questões da Psicologia Genética.

Desse modo, como pode ser observado nas tabelas acima, as categorias de análise do desempenho operatório e pedagógico das crianças são os próprios níveis de avaliação das provas, tanto operatórias quanto pedagógicas. Já com as entrevistas foi necessário elaborar categorias de análise que necessitam de uma descrição explicativa mais detalhada e complexa, impossibilitando uma síntese que viabilize a apresentação direta em tabelas, tal como foi feito com as provas operatórias e pedagógicas.

A) AS ENTREVISTAS COM AS CRIANÇAS

POSTURA DAS CRIANÇAS AO INICIAR A AVALIAÇÃO

No grupo 1, a maioria dos alunos (84%) chegou para o início da avaliação assustada, apreensiva ou tímida, o que dificultou um contato inicial e a própria avaliação. Foi preciso conversar muito com as crianças, explicar detalhadamente o que iríamos fazer, para tranqüilizá-las e garantir a realização do diagnóstico num clima agradável e produtivo. Por outro lado, todas as crianças do grupo 2 chegaram para o início do diagnóstico curiosas, desinibidas, compenetradas e seguras, fato que favoreceu o contato com a pesquisadora e a própria avaliação.

FORMAS DAS CRIANÇAS RELATAREM SUA VIDA FAMILIAR E PESSOAL

A insegurança observada, desde os primeiros contatos, nas crianças do grupo 1 prolongou-se no decorrer do diagnóstico como um todo e será a grande marca diferencial entre os alunos dos dois grupos. A maioria das crianças desse grupo (84%) demonstrou muita dificuldade para falar de si e de sua família;

grande parte das vezes, foi penoso para elas responderem questões básicas para a formação de identidade pessoal, tais como: data do seu aniversário, número de irmãos, ordem de nascimento dos irmãos, quem mora com a criança, se os pais vivem juntos ou separados, quais são suas brincadeiras prediletas etc. Novamente, a maioria absoluta das crianças do grupo 2 narrou com muita facilidade e desenvoltura fatos de sua vida pessoal e familiar. Elas sabiam exatamente sua data de aniversário, a idade dos irmãos, a profissão dos pais, seus jogos preferidos, etc.

De fato, há uma diferença muito grande na desenvoltura dos relatos pessoais entre os dois grupos. Além de realizar uma narração truncada, onde determinadas informações pareciam não estar acessíveis para as crianças do grupo 1, a maior parte do tempo esses alunos precisaram do consentimento da pesquisadora para poderem prosseguir em seus relatos. Intervenções como "está certo?", "é isso que tenho que responder?", "não entendi", "como assim?", "posso falar o que eu sei?" fizeram-se presentes entre lembranças do aniversário, nome dos irmãos, ocupação dos pais e vão permanecer constantemente, como poderá ser observado ao longo desta análise, em momentos diversos das provas operatórias e pedagógicas. Porém, quando estimuladas pela pesquisadora para não desistirem, para falarem o que estavam pensando, para tentarem, muitas dessas crianças conseguiram alterar essa postura inicial e terminaram o diagnóstico mais confiantes, sem tanto pavor de errar.

RELAÇÃO DA CRIANÇA COM A ESCOLA

No grupo 1, 60% das crianças demonstraram desenvolver uma relação proveitosa com a escola, ressaltando que gostam muito da escola, dos amigos e das brincadeiras. Dentre os aspectos citados como desagradáveis, ressalta-se o fato de não ser chamada pela professora na lousa. A outra parte das crianças deste grupo, perfazendo 40% do total, demonstrou uma atitude que desfavorece um contato mais profícuo com a escola, ressaltando aspectos mais negativos do que positivos: sentem-se excluídas do processo de aprendizagem, pois são ignoradas pelos seus professores, e consideram todas as matérias chatas ou muito difíceis e, portanto, inacessíveis. A maioria das crianças (75%) do grupo 1 considera a escola difícil: 33% acham Matemática a matéria mais exigente; 17% consideram que Língua Portuguesa é a mais difícil; enquanto para 25% todas as matérias são difíceis.

No grupo 2, 70% das crianças demonstraram possuir uma relação bastante positiva com a escola: gostam de aprender coisas novas, das lições, das provas, da maioria das matérias, da aula de Educação Física, dos amigos, das brincadeiras e da hora do recreio. A outra parte do grupo (30%) afirma que a coisa mais chata da escola é não aprender, ficar sem fazer nada, esperar a professora colocar ordem na classe e a bagunça na sala de aula. Para a maior parte das crianças desse grupo (70%) todas as matérias são interessantes ou fáceis, Matemática é a disciplina mais difícil para 20% do grupo e Língua Portuguesa é a disciplina mais difícil para os 10% restantes.

Esses números mais uma vez demonstram que a questão da segurança e da auto-estima continuam sendo o marco diferenciador entre as crianças dos dois grupos. Nos relatos das crianças do grupo 1, a todo momento pode-se depreender as marcas do seu histórico de malogro escolar. É interessante observar como elas aceitam, quase que resignadas, o papel que lhes foi designado de mal aluno, fato que lhes tira o direito de reivindicar o ensino dos conteúdos que não conseguem aprender. O contrário dessa posição é nitidamente assumido pelos alunos do grupo 2, o que faz a maioria dessas crianças acreditar que "o legal" realmente na escola é aprender coisas novas e o "chato" é ficar sem fazer nada. Elas não têm a mínima dúvida do direito que possuem à escolaridade, se têm o dever de estudar e aprender, têm em contrapartida o direito de ter aula e quem as ensine o que se deve ser aprendido.

Ao se discutir com as crianças do grupo 1 o porquê do seu mau desempenho escolar, a grande maioria, em torno de

90%, atribui a si própria a causa desse tipo de fracasso. Quando questionadas sobre o que poderia ser feito para que mudassem essa situação, disseram que seria necessário um maior empenho nas tarefas escolares, alterar a postura em classe e fazer menos bagunça e, principalmente, "nascer com uma cabeça menos dura". Apenas 10% desses alunos acreditam que não vão bem na escola devido a uma conjugação de fatores, que, para serem transformados, necessitariam de mudanças não só da própria atitude, como também da postura do professor, da forma de abordagem dos conteúdos, etc.

FORMA DAS CRIANÇAS REFERIREM-SE AOS SEUS PROFESSORES

No grupo 1 as principais referências feitas pelas crianças aos professores foram: bravo, impaciente, não presta atenção no aluno, ensina coisas difíceis. Porém, mais de 90% desses alunos disseram gostar de seus professores, deixando antever o quanto é importante ser notado e querido por eles. Uma das formas de se sentir querido, aceito e notado, segundo o critério dessas crianças, "é ser chamado na lousa pela tia" – poder expor para a professora sua lição, mostrar para os colegas como pensou para solucionar um problema, ser alvo do olhar e do interesse docente é um desejo forte, é um estímulo para produzir, é o fio que demarca e sinaliza os seus avanços ou retrocessos escolares.

As crianças do grupo 2 fizeram os seguintes tipos de referências aos seus professores: legal, perde muito tempo para colocar ordem na classe, ensina coisas chatas, sempre elogia as lições e o comportamento. Parte das crianças desse grupo (em torno de 40%) reportou-se a outros veículos, principalmente a TV, como portadores de saberes mais interessantes e desafiadores do que os oferecidos pela escola e a professora. Ser aceito pelo professor para essas crianças não é uma questão relevante, seu histórico de sucesso parece garantir-lhes um posto bem mais confortável na sua vida de estudante. Por conta dessa segurança, os julgamentos docentes, apesar de importantes, são relativizados.

b) As provas operatórias

As tabelas 3.3. e 3.4., que apresentam um resumo do desempenho operatório das crianças dos dois grupos, apontam para questões que necessitam ser melhor analisadas, pois, como pode ser observado, não houve uma diferença significativa no desempenho operatório das crianças dos diferentes grupos.

No que se refere às conservações de número, massa, líquido e comprimento, 42% das crianças do grupo 1 e 33% das do grupo 2 deram respostas que variaram do nível I ao nível III. Já 58% das crianças do grupo 1 e 67% do grupo 2 obtiveram o nível III em todas as provas de conservação.

Nas provas de classificação, apenas uma criança (8%) do grupo 1 atingiu o nível I; 42% das crianças do grupo 1 e 50% do grupo 2 tiveram um desempenho correspondente ao nível II; e, para ambos os grupos, 50% elaboraram uma classificação operatória com inclusão de classe, correspondendo ao nível III.

Na prova de seriação, 42% das crianças do grupo 1 e 34% do grupo 2 obtiveram desempenho correspondente ao nível II. O restante de cada grupo, 58% do grupo 1 e 66% do grupo 2, realizou a proposta de forma operatória (nível III).

Esses dados demonstram que, pelo menos do ponto de vista do desenvolvimento cognitivo, não há uma diversidade fundamental que justifique as diferenças de desempenho escolar dos dois grupos. Sob o prisma estrito das etapas evolutivas do pensamento, as crianças tanto do grupo 1 quanto do grupo 2 teriam à sua disposição recursos intelectuais similares, que lhes permitiriam dar conta das inúmeras demandas efetuadas pela escola.

Cabe ressaltar no entanto que, apesar de o desempenho percentual dos alunos de ambos os grupos ser semelhante, o grande "divisor de águas" entre as crianças apontadas como bem-sucedidas e as com dificuldades escolares centrou-se na maneira desses alunos se portarem ao longo do diagnóstico. A maioria das crianças do grupo 1 demonstrou uma insegurança muito forte, precisando do aval do pesquisador para prosseguir em suas respostas. Parecia que necessitavam de sua autorização para pensar, para falar sobre suas dúvidas, suas hipóteses, suas idéias a respeito de algum assunto. São crianças assombradas pelo fantasma da derrota, do fracasso, do medo de errar, o que acaba impossibilitando-as de tentar, de ousar, enfim, de pensar de forma autônoma.

Constatou-se também uma grande diferença na maneira como os integrantes dos dois grupos expressam o raciocínio. As crianças do grupo 1 demonstraram muita dificuldade para explicar como pensaram para chegar a uma determinada conclusão, não conseguiam defender firmemente o seu ponto de vista, mudavam de idéia com muita facilidade, a argumentação, na maioria das vezes, era pobre, pouco fluente, o que, em alguns casos, acabava por prejudicar sua coerência. Já as crianças do grupo 2, na maioria dos casos, conseguiram explicitar com clareza e de modo desenvolto o seu raciocínio, não ficavam procurando no olhar da pesquisadora uma permissão para expor seu pensamento ou uma sinalização que pudesse, magicamente, dirimir suas dúvidas.

Pode-se observar que, apesar de o desempenho operatório dos dois grupos não ser fundamentalmente diferente, o caminho percorrido, pela maior parte das crianças do grupo 1, para chegar a um raciocínio lógico, reversível e coerente parece ser bem mais tortuoso e frágil do que aquele trilhado pelos alunos do grupo 2. Este fato nos remete para uma outra questão, que já foi mencionada no capítulo anterior, qual seja: ter um raciocínio operatório pode ser visto como condição necessária, mas não suficiente, para que a aprendizagem de certos conteúdos escolares ocorram de forma satisfatória. Fica evidente nesta pesquisa que uma série de outros fatores de ordem afetiva e metodológica concorre para o sucesso do processo de aprendizagem. O diagnóstico efetuado com essas crianças, inclusive, é bastante parcial, pois buscamos apenas aprofundar fatores de ordem cognitiva e pedagógica. No entanto, como será discutido na segunda etapa deste trabalho, mostrar para os professores que "seus alunos problemas" têm condições de aprendizagem, pelo menos do ponto de vista do desenvolvimento operatório e pedagógico, similar às condições apresentadas pelos alunos bem- sucedidos, auxiliou muito esses docentes a olhar essas crianças de um outro prisma, diferente daquele pelo qual olharam até então.

É importante reafirmar que conhecer as características do raciocínio dos alunos pode ajudar o professor no planejamento de suas atividades em sala de aula, auxiliando-o na elaboração de uma intervenção pedagógica mais adequada, que possibilite, de fato, ao aluno desenvolver seu pensamento e raciocínio.

c) As provas pedagógicas

Uma observação mais atenta das tabelas 3.5. e 3.6., onde se encontram as sínteses do desempenho pedagógico dos alunos de ambos os grupos, permite dizer que a grande diferença entre as crianças dos dois grupos centra-se na Língua Portuguesa, e não na Matemática.

No que tange às atividades de Língua Portuguesa, o grupo 1 apresenta apenas uma criança no nível II (8%) e uma no nível III (8%). A maioria das crianças desse grupo (58%) encontra-se no nível IV, ou seja, são crianças que escrevem de forma alfabética, mas não podem ser consideradas completamente alfabetizadas, pois sua leitura não é completamente fluente; ainda não têm autonomia para produzir, de forma escrita, um texto coeso e coerente, que de fato consiga comunicar uma idéia e possibilite ao leitor sua compreensão. Finalmente, 25% das crianças deste grupo, apesar de serem consideradas exemplos de alunos comprometidos pedagogicamente, foram avaliadas como completamente alfabetizadas (nível V), pois lêem fluentemente, sem perder o sentido do texto, e produzem textos ricos, bem-pontuados, coerentes, que conseguem comunicar uma mensagem para o leitor. No grupo 2, todas as crianças posicionaram-se nos dois níveis superiores: 42% das crianças no nível IV e 58% no nível V.

Quanto à Matemática, observa-se que do grupo 1 16% das crianças encontram-se no nível I, ou seja, não operam matematicamente, possuem hipóteses muito primitivas a respeito da notação matemática e do sistema numérico e não demonstraram autonomia para a resolução dos problemas propostos. Uma parcela de 33% encontra-se no nível II, fase em que a criança começa a desenvolver uma série de hipóteses sobre o nosso sistema numérico, aplica a notação convencional em números com até dois algarismos, alterna o uso da linguagem matemática com estratégias menos elaboradas, opera mentalmente em cálculos simples. O restante, 50%, alcançou um desempenho correspondente ao nível III, estágio em que a criança emprega a notação matemática convencional, percebe a questão da posicionalidade dos algarismos em nosso sistema numérico, utiliza estratégias elaboradas, demonstra autonomia para solucionar os problemas propostos e possui agilidade no cálculo mental. No grupo 2, 42% das crianças encontram-se no nível II e 58% atingiram o nível III.

A aquisição da língua escrita pelas crianças, no início de sua escolarização, tem sido objeto de discussão e preocupação por parte da escola há muitos anos. As pesquisas realizadas por Emília Ferreiro e sua equipe a respeito da construção psicogenética da língua foram amplamente divulgadas ao longo desta última década. Conceitos como hipóteses *pré-silábica, silábica, alfabética* são comuns na fala da maioria dos professores alfabetizadores. Todos sentem-se capazes e extremamente à vontade para avaliar e classificar seus alunos em relação ao desenvolvimento na linguagem escrita. No entanto, esse conhecimento parece, em muitos casos, não ser suficiente para garantir uma avaliação mais eficaz e uma intervenção pedagógica que garanta um número maior de crianças bem-sucedidas no processo inicial de letramento.

Nesta pesquisa, constatou-se que alguns alunos do grupo 2, avaliados pelos professores como bem-sucedidos na escola (uma vez que lêem e escrevem sem dificuldade), demonstraram ainda uma série de lacunas no manuseio da língua: leitura pouco fluente, levando à perda de sentido do que foi lido; falta de autonomia para elaboração do texto proposto; dificuldade para sua estruturação, comprometendo a coesão e a clareza. Tal fato nos leva a acreditar que o critério utilizado por esses docentes para avaliação dos alunos centrou-se apenas na decodificação do código escrito, tendo sido desconsiderada uma das principais funções da escrita, que é a capacidade de comunicar idéias, compreender a realidade, re-significar eventos, discorrer sobre os sentimentos. Por outro lado, houve casos de crianças do grupo 1 classificadas pelos professores como maus alunos por não dominarem o código escrito que, no diagnóstico, apesar das dificuldades apresentadas com a decodificação da língua, demonstraram um bom potencial para um manuseio competente da língua: realizaram associações interessantes após a leitura da poesia *A Casa*, de Vinícius de Moraes, pela pesquisadora; conseguiram inventar uma história oral, com clareza e coesão, pautada na seqüência lógica apresentada; etc.

Esses fatos apontam para a necessidade de se repensar os métodos de intervenção em sala de aula, de maneira a melhor atender às necessidades desses alunos que emperram todo o seu processo de aprendizagem por não dominarem as regras geradoras do nosso código escrito.

Para um professor só é útil saber se seu aluno encontra-se na fase pré-silábica, silábica ou alfabética se ele conseguir transformar tal informação em atividades didáticas que auxiliem o aluno a avançar em suas hipóteses a respeito da língua. Em caso contrário, esse tipo de conhecimento cai num vazio e pode tornar-se mais uma armadilha que, por um lado, rotula e estigmatiza a criança e, por outro lado, "amarra" as mãos do professor, deixando por conta do "andamento natural dos fatos" a mudança de uma hipótese menos avançada para outra mais desenvolvida.

Já as pesquisas na área do desenvolvimento do pensamento matemático são mais recentes ou menos divulgadas. Este fato faz com que o professor tenha ainda menos conhecimento sobre como deveria ocorrer a aprendizagem neste campo, quais são os reais objetivos da área e, portanto, qual é a melhor maneira de observar se seus alunos estão se desenvolvendo de forma adequada. Desse modo, o que temos visto, não só nesta pesquisa mas nos atendimentos clínicos e nas assessorias pedagógicas, ao longo de vários anos, é que há muita confusão por parte da escola em relação às queixas referentes à aprendizagem da Matemática. Geralmente é difícil para o professor perceber o que realmente deve ser observado quando ensina para seus alunos as operações matemáticas, qual é a melhor forma de apresentar os algoritmos, como contextualizá-los dentro de diversas situações-problema, quais as diferentes possibilidades de abordagem para as operações de subtração e divisão, etc. Assim, as avaliações efetuadas nesta área acabam sendo bastante empobrecidas, genéricas (caberiam para qualquer situação e qualquer aluno), e, na maioria das vezes, não refletem a real condição do aluno.

No caso específico desta pesquisa, essa falta de noção do professor a respeito dos reais recursos matemáticos de seus alunos é bastante evidente. Crianças do grupo 2, explicitamente avaliadas como possuidoras de um "bom raciocínio lógico-matemático" pelos seus professores, recorreram ao algoritmo (mesmo após a insistência da pesquisadora) para efetuar cálculos extremamente simples, recusando-se a resolvê-los mentalmente. No momento de solucionar os problemas, faziam a "clássica" pergunta "é de mais ou de menos?", demonstrando uma extrema dificuldade em traduzir as questões colocadas para uma linguagem matemática. No grupo 1, por outro lado, foram observadas crianças consideradas por seus professores como possuidoras de um raciocínio lógico-matemático prejudicado que, nos cálculos, por exemplo, não souberam empregar os algoritmos, porém não demonstraram a menor dificuldade em resolvê-los mentalmente.

Esses fatos nos levam a refletir que, para muitas crianças do grupo 1, parte de suas dificuldades escolares parece residir no processo de formalização da aprendizagem. É como se houvesse um "fosso" entre os conhecimentos que trazem, de certa forma espontaneamente, para a escola e os conteúdos com os quais entram em contato de um modo mais sistemático e "científico". Em outras palavras, a criança tem recursos para resolver o cálculo mentalmente, mas mostra-se incapaz de aprender a técnica de resolução formal. Parece ocorrer uma falha de comunicação entre elas e o professor, como se falassem línguas diferentes: o professor acreditando na incapacidade do aluno de aprender e, portanto, na sua impossibilidade de ensiná-lo e o aluno desprezando os conhecimentos que traz consigo e acreditando que "para dar conta da escola seria preciso nascer com outra cabeça".

4

O BOM E O MAU ALUNO SEGUNDO A AVALIAÇÃO DOS PROFESSORES

4.1. Introdução

Neste capítulo apresentam-se e analisam-se os dados obtidos nas entrevistas com os dois grupos de professores que participaram da pesquisa: grupo dos protagonistas, composto pelas quatro professoras das crianças submetidas ao diagnóstico psicopedagógico, e grupo dos coadjuvantes, do qual fazem parte doze professoras do ensino fundamental 1 de diversas escolas públicas da cidade de São Paulo.

Para o primeiro grupo, as entrevistas foram planejadas de modo a criar uma situação onde o professor, além de expor o que pensava sobre o assunto em pauta, tivesse também a oportunidade de refletir sobre suas posições e olhar o problema por outros prismas. O objetivo foi criar uma situação que auxiliasse a desestabilizar crenças e dogmas do professor a respeito dos percalços no processo de ensino e aprendizagem, já que uma visão equivocada sobre os motivos da não-aprendizagem é o que poderia estar impedindo a superação do problema por parte do aluno e inviabilizando a intervenção docente.

Dessa forma, as entrevistas foram organizadas escolhendo-se inicialmente, para cada sala, um aluno do grupo 1 (grupo com mau desempenho escolar) e outro do grupo 2 (grupo com bom desempenho escolar), para os quais foram elaborados relatos minuciosos descrevendo as atividades desenvolvidas com as crianças, os argumentos que utilizaram em suas respostas e os caminhos que percorreram para chegar a conclusões. À medida que lia os relatos para a professora, a pesquisadora conversava sobre questões que diziam respeito à aprendizagem, ao desenvolvimento do pensamento dos alunos, ao papel do professor nesse processo e às possibilidades de reversão das situações desfavoráveis à aprendizagem.

De um modo geral, a pesquisadora procurou estabelecer conjuntamente com a professora comparações entre os dois relatos levados para discussão, ao mesmo tempo que procurava relembrá-la de sua própria avaliação ao encaminhar esses alunos para diagnóstico. Como em muitos casos não houve diferenças significativas entre as respostas dos alunos de ambos os grupos (como pôde ser observado no capítulo anterior), a professora viu-se obrigada a pensar de forma mais profunda sobre o porquê de aquele aluno não aprender, visto que em muitos casos possuía recursos cognitivos similares aos do seu colega que tinha um desempenho considerado adequado.

Esses encontros possibilitaram o início de uma reflexão, por parte das professoras, a respeito do que denominam dificuldade de aprendizagem, dos critérios que utilizam para a observação do desempenho dos alunos em classe, das possibilidades que vislumbram de intervenção no processo de aprendizagem das crianças e dos recursos didáticos necessários, levando-se em conta alunos concretos, descritos em situações tangíveis e palpáveis. Nesse clima de entrevista, foi mais fácil para as professoras falar sobre suas dúvidas, opiniões, desesperanças, medos e desejos.

Os encontros ocorreram no fim do período da aula, durante a hora-atividade, momento reservado para planejamento e reuniões do corpo docente. As conversas acabaram estendendo-se bastante, tendo sido necessário cerca de três encontros com cada professora para a conclusão das entrevistas.

Como o universo de análise composto pelas quatro professoras de 3ª série do ensino fundamental era muito reduzido, optou-se por entrevistar um número maior de docentes, para verificar se as observações inferidas na pesquisa se confirmariam ou não num universo mais amplo. Essas novas entrevistas seguiram um padrão diferente: doze professores de 1ª a 4ª séries do ensino fundamental (participantes das Oficinas de Jogos oferecidas pelo Laboratório de Psicopedagogia do Instituto de Psicologia da USP, coordenado pelo Prof. Dr. Lino de Macedo) responderam a seis perguntas abertas sobre o tema em questão, organizadas de forma a verificar as tendências observadas nas discussões com as quatro "protagonistas" da pesquisa.

4.2. AS ENTREVISTAS COM AS PROFESSORAS PROTAGONISTAS

Foi difícil agendar horários, curiosidade e receio pairavam no ar. Sentia que ao mesmo tempo que elas queriam saber sobre o diagnóstico realizado, adiavam nossos encontros, alegando desculpas tolas. Demorei alguns dias para compreender o porquê de tal situação. Ligava para a escola, ia pessoalmente e elas acabavam sempre arranjando uma maneira de escapar. Até que uma delas, conversando casualmente comigo, esclareceu definitivamente o assunto:

– *Fazer entrevista dá muita vergonha. E se a gente se arrepende do que fala e já ficou tudo gravado aí? Daí a gente falou bobagem, errou e pronto, já está gravado, não tem mais jeito. Onde você vai mostrar essa nossa entrevista? Vai aparecer o nosso nome e sobrenome?*

Resolvi reunir as quatro professoras e expliquei que as entrevistas seriam sigilosas, que sua identidade não seria revelada e que esses encontros tinham como objetivo uma troca, uma reflexão conjunta sobre as crianças avaliadas e que, desse modo, errar, "falar bobagem", ponderar e discutir faziam parte dos objetivos de nossa conversa.

Conforme referido no capítulo 2, foi observado desde o início da pesquisa que havia uma expectativa muito grande a respeito do papel da pesquisadora dentro da escola. Esse clima, apesar de amenizado após os encontros com o corpo docente de 1ª a 4ª séries do ensino fundamental, realizados justamente para esclarecer os objetivos e limites da pesquisa, de algum modo acompanhou minha permanência durante boa parte do período em que estive na escola. Muitas vezes, as professoras (e não só as que participavam da pesquisa) paravam-me no corredor ou na sala dos professores para pedir ajuda e lançar questões diversas, ficando na expectativa de uma resposta "fantástica", que quando não era correspondida, gerava um claro sentimento de frustração. Pude observar, diversas vezes, que muitas delas ficavam tão gratas de serem ouvidas que, no fundo, talvez nem estivessem realmente interessadas em saber o que eu pensava sobre o tema em pauta, o importante era perceber que alguém, da universidade e, portanto, "revestida de um conhecimento inquestionável", estava lá prestando atenção às suas dúvidas e queixas. Isso posto, não era de se estranhar, portanto, que as professoras ficassem com um certo receio de participar da entrevista e não corresponder à suposta expectativa que eu pudesse ter delas.

Dúvidas dirimidas e expectativas amainadas, foi possível proceder às entrevistas. Cabe ainda observar que, para preservar a identidade das professoras, nos relatos apresentados nos itens que se seguem utilizam-se nomes fictícios.

4.2.1. A PRIMEIRA PROTAGONISTA: PROFESSORA FÁTIMA

Fátima é nova na escola. Foi professora efetiva por quinze anos numa região periférica e mais pobre da capital. Estava feliz por ter conseguido transferir-se para um local mais perto de sua casa. Por outro lado, disse que se sentia ainda bastante perdida no atual espaço, não conhecia bem os colegas, precisava inteirar-se melhor do dia-a-dia da escola, saber com quem podia realmente contar, tinha muito medo de ser discriminada e criticada pelos outros professores. Enquanto estive na escola, Fátima procurava-me freqüentemente para conversar e pedir conselhos. Estava quase sempre esbaforida, com "casos muito complicados", os quais não tinha a mínima idéia de como conduzir. Esta solidão tornou-se ainda maior quando a orientadora pedagógica afastou-se do cargo. Fátima, por exemplo, foi a professora que mais demorou para entregar-me a lista das crianças que iriam participar do diagnóstico, pois sempre queria introduzir mais algum aluno "problemático" para ser avaliado, e quando percebeu que isso seria impossível, pediu várias vezes para rever a lista e efetuar algumas trocas.

Fátima também resistiu muito em marcar a entrevista e, no início do nosso encontro, fez-me "jurar" que jamais mostraria a fita gravada para nenhum de seus colegas. No início da conversa, estava tão assustada que sussurrava, olhando para os lados, certificando-se de que ninguém estivesse nos escutando. Perguntei se ela iria se sentir mais à vontade se eu desligasse o gravador, e ela disse-me novamente que bastava garantir que não iria mostrar a fita a ninguém.

Realmente, Fátima parecia pouco confortável no seu novo espaço de trabalho. Das quatro professoras, Fátima era a que demonstrava de forma mais explícita suas inseguranças, angústias e dúvidas sobre como conduzir de modo eficaz sua classe. Essa angústia foi expressa não só na entrevista, mas nas várias ocasiões em que estivemos conversando pelos corredores da escola.

Na entrevista, foi necessária a leitura dos relatos mais de uma vez para que Fátima pudesse compreender, claramente, o significado de minhas observações a respeito dos dois alunos em pauta (Eve do grupo 1 e Pat do grupo 2). Sua tendência inicial era retirar as frases do contexto mais geral e utilizá-las inadequadamente para referendar, de forma precipitada, a visão que tinha a respeito do seu *aluno problema*.

Por exemplo, começo o relato de Eve dizendo que ele chegou para a avaliação aparentando nervosismo e ansiedade. Fátima, então, faz o seguinte comentário:

– *Na classe é a mesma coisa: nos primeiros trinta minutos ou uma hora, ele vai bem, daí ele começa a levantar, mexe com um, mexe com outro, se torna uma influência negativa dentro da classe, agita a classe com esse seu nervosismo e ansiedade e daí a classe já não funciona mais(...). Essa falta de paciência é uma coisa que já está condicionada nele...*

Retomo o relato, procurando deixar claro que era natural que Eve estivesse nervoso, pois não me conhecia, não sabia exatamente o porquê daquilo tudo e que, depois de conversarmos, ele foi se acalmando e trabalhou bem, com um desempenho adequado para a sua faixa etária.

É interessante observar que ao longo da entrevista Fátima oscila num movimento constante entre a depressão e o ataque às condições externas (fatores de ordem social, familiar, condições de trabalho, etc.). Esta forma de reação a leva a olhar Eve sempre da mesma maneira. É por isso que, ao ouvir o relato da avaliação, fica tão balançada, pois começa a perceber que há outras possibilidades de olhar, que podem conduzir a "julgamentos" menos imperiosos e taxativos a respeito das condições de desenvolvimento escolar do seu aluno.

Quando questionada, por exemplo, a respeito das possibilidades de trabalho em classe com alunos como Eve e sobre qual a esperança que ela possuía de ajudar essas crianças com dificuldade, Fátima, bastante abatida, disse que a solução não se encontrava em suas mãos. Para trabalhar com esses alunos necessitava ter menos crianças em classe (em torno de 25, sendo que atualmente tem 32) e possuir uma formação psicanalítica para compreender, de fato, o que acontece com essas crianças.

– *Precisa ter uma base psicanalítica para entender toda essa situação. É saber entender a fundo o que acontece com essa criança. É preciso ter tempo para poder estudar, ver no que a criança progrediu, ver qual a melhor atividade a ser dada. Isso a gente tem em mente, mas desenvolver como? Não temos livros, não temos tempo, não temos esse preparo psicanalítico.*

Fátima acredita que para poder realizar um bom trabalho em sala de aula, seria preciso, então, a base psicanalítica fornecedora dos fundamentos teóricos necessários para o planejamento de atividades mais adequadas para os seus alunos e uma classe de no máximo 25 alunos, sem repetentes e todos no mesmo nível de desenvolvimento.

– *Seria necessário ter tempo para estudar as atividades. Hoje o aluno não fez, por que será que isso aconteceu? É preciso buscar uma referência teórica psicanalítica para entender o que aconteceu, refazer a atividade e reaplicá-la. Mas tudo isso na minha sala é impossível, tem que ter menos alunos, na atual situação é impossível. Tinha que ter no máximo 25 crianças, todas com a mesma idade, sem repetentes, e com o mesmo grau de conhecimento. Mas aí junta esse bando de repetentes, vários alunos desmotivados, um influencia o outro, como no caso do Eve. O professor não pode ficar só voltado para um, como fica o restante da classe? É uma situação muito complexa!*

Perguntei para a Fátima o que poderia ser realizado em classe com alunos como Eve se houvesse essa situação ideal que descreveu. Ela insistiu na necessidade de professor ter uma formação, por ela denominada psicanalítica, para compreender esses alunos "assim meio diferentes". Só a psicanálise garantiria uma visão mais ampla do problema, ajudaria a compreender esses alunos, compreensão que, segundo ela, não é possibilitada pela pedagogia. Ao ser questionada se não haveria do ponto de vista pedagógico nada a ser feito com essas crianças, Fátima tece o seguinte comentário:

– *No meu caso, não. Eu com o pedagógico não me embaraço. Acredito que o problema desses maus alunos como o Eve seja uma questão adquirida, que vai causando uns comportamentos estranhos, dando uns desvios. Faz com que a criança não pare quieta, fique o tempo todo agitada tumultuando a classe...*

Procurei encaminhar a nossa conversa para uma discussão sobre aspectos cognitivos das duas crianças ressaltados durante o diagnóstico. Pedi que Fátima compararsse os dois desempenhos, observasse atentamente as respostas de cada um, tentar imaginar como guiaram o seu raciocínio nos diversos momentos do diagnóstico, se havia diferenças significativas entre o desempenho das duas crianças e, por último, refletir sobre o porquê de um ser bom aluno o e outro ter um desempenho inadequado.

Foi uma conversa difícil. A primeira forma de reação de Fátima foi negar que as avaliações demonstraram que, do ponto de vista do desenvolvimento intelectual, as crianças apresentavam um desempenho similar. Quando se convenceu disso, retomou a mesma postura que apresentou no início da conversa, ora colocando a culpa do fracasso na aprendizagem de Eve em questões externas ao contexto escolar, ora deprimindo-se e sentindo-se inadequada para exercer sua função docente.

– *Tentei várias vezes falar com a mãe dele, parece que ela trabalha muito e não tem tempo de ajudá-lo nas coisas da escola. O pai bebe e está desempregado. Tem dias que ele chega muito triste, acho que o pai quando bebe fica violento. Tudo isso impede que a criança aprenda.*

– *Eu teria que ter mais preparo, dar-lhe uma assistência individual, aplicar atividades que lhe despertassem maior interesse, bolar lições mais curiosas. Mas é como te falei, na prática eu não encontro tempo para isso... Eu não sei de fato o que acontece com esse tipo de aluno. Acho que quem pode responder isso é gente como você, que estuda a psicologia a fundo dessas crianças. Eu não me sinto preparada, fico perdida em classe, cada vez mais os alunos são como Eve e a gente fica sem saber o que fazer.*

Inserir os problemas de Eve no contexto de sala de aula foi uma tarefa trabalhosa para Fátima. Perguntei-lhe, por exemplo, como procedia na hora de avaliar as crianças, quais os critérios que utilizava para dizer se estavam ou não aptas para passar de ano e quais eram os principais objetivos educacionais da terceira série.

– *Olhe, o aluno tem que desenvolver certas habilidades. Em Língua Portuguesa, precisa ler e refletir sobre o que leu, compreender a mensagem do texto, ir além, extrapolar, ter uma visão crítica sobre o que leu, dar suas próprias opiniões. Em Matemática, precisa possuir raciocínio lógico, ser reversível, saber quando é menos, quando é mais, ter essas capacidades que você descreveu na avaliação.*

Ao discorrer sobre os objetivos a serem atingidos pelos alunos na terceira série, Fátima pôde notar que estava incorrendo numa contradição, pois ao generalizá-los não conseguia justificar-me o porquê da possível reprovação de Eve e da provável aprovação de Pat.

– *Olhe, neste final de ano estou descobrindo que Pat não está correspondendo às minhas expectativas. Por exemplo, ela não está dominando a divisão, enquanto o Eve faz divisão de cabeça, mas na hora de pôr no papel é um problema. Mas sei que em breve a Pat vai solucionar essa dificuldade, ela entrega as lições em dia, não atrapalha a aula... Já o Eve não dá para observar muito bem, quase nunca faz as lições e quando faz, entrega rápido para bagunçar. Vou procurar prestar mais atenção nas próximas semanas. Vou combinar com a mãe dele para ele ficar um pouco mais depois das aulas para eu poder ajudá-lo...*

Menos tensa, mas bastante deprimida, Fátima termina a entrevista com o seguinte desabafo:

– *Não é que eu não tenha lutado para ajudar alunos como Eve. Essa situação me preocupa, me aborrece, me faz muito mal. Na minha sala são muitos iguais a ele, parece que eu falo para as paredes, no fim do período estou cansada, frustrada, me sentindo muito sozinha. Gostaria de saber como alterar essa situação, ver o que é possível ser feito. Essa nossa conversa foi muito boa, é bom saber que dá para ter algum tipo de esperança. Vou observar melhor esses alunos, propor um grupo de reforço...*

Soube no final do ano que Eve foi aprovado para freqüentar a 4ª série do ensino fundamental.

4.2.2. A segunda protagonista: Professora Alice

Alice é a docente mais antiga da escola, leciona há mais de 30 anos e, segundo suas próprias palavras, é uma professora "à moda antiga". Sempre que conversávamos, podia observar uma "ponta" de nostalgia em seus comentários. Contava-me sobre o início de sua carreira, de uma escola que não existe mais, com alunos diferentes dos que tem hoje em dia em sala de aula.

– *Ser professor naquela época era muito diferente. A gente era valorizada e, principalmente, respeitada. A escola pública era almejada por todos, melhor até que muitas escolas particulares, era uma escola forte, em que muita gente de bem estudava, não esse balaio de gato que se tornou hoje em dia. Meus alunos eram educados, estudiosos e interessados, os pais, participativos e ciosos de seus deveres com as crianças, completamente diverso do que ocorre atualmente...*

Alice, apesar da segurança profissional advinda de todos esses anos de magistério, relatou-me que em vários momentos sentia-se perdida em relação ao seu papel em classe. Métodos que deram certo outrora infelizmente não cabiam mais na sua atual realidade. Sentia que a cada ano seus alunos estavam piores e mais desinteressados. Por ser uma professora muito exigente, acabava criando vários conflitos com as crianças em sala de aula.

– *Eu sei o que um professor tem que fazer em classe, ou melhor, acho que sabia. Hoje está tudo torto, tudo de cabeça para baixo; além da pobreza das crianças, de toda essa questão econômica e social, tem uma coisa mais séria, que são os valores. Os pais só estão preocupados consigo próprios, as crianças crescem ao deus-dará, não tem ninguém para ajudá-las a discernir o certo do errado. Daí sobra para a gente tudo, ensinar boas maneiras, ajudá-las a separar o joio do trigo e ainda precisa criar uma fórmula mágica para fazer com que se interessem na matéria. Então, aquela fórmula que empregava com sucesso tempos atrás não funciona mais. Acontece que só sei trabalhar desse jeito, foi assim que aprendi.*

Sua sala era a que possuía o maior número de repetentes. Dos 32 alunos, 16 estavam refazendo a série. Por ser uma professora antiga, acreditavam na escola que ela pudesse dar conta dos casos mais difíceis, fato que transformava suas classes "num barril de pólvora", com muitos alunos problemáticos. Alice relatou-me que procurava tratar todos da mesma maneira.

– *O que vale para o aluno mais forte vale também para o mais fraco, uma coisa que tenho horror é de aluno parado, esquecido lá no fundão da sala. Se veio para a escola é para trabalhar; ficar aéreo, fingindo que está trabalhando, me dá nos nervos. Coloco todo mundo para trabalhar, na minha sala não tem folga!*

Alice queixou-se do excessivo contigente de alunos "fracos". Esses alunos, segundo seu relato, atrapalham o andamento da matéria, estão sempre para trás, fazem com que tenha de retomar constantemente conteúdos das séries anteriores, atrasando o seu planejamento. Por não acompanharem as aulas, essas crianças tumultuam a classe, ocasionando sérios problemas de disciplina, questão que a tem desgastado bastante nesses últimos anos. Desse modo, valoriza muito as crianças que têm atitudes adequadas em sala. Segundo Alice, esse tipo de postura *já é meio caminho andado para as coisas correrem bem.*

Diferentemente de Fátima, que se portava de forma insegura e superestimava minha capacidade intelectual por eu ser "uma pessoa da universidade", Alice demonstrava uma atitude de desencanto e uma ponta de desconfiança em relação à minha capacidade de ajudá-la a refletir sobre seus contratempos em sala de aula. Para conseguir sua contribuição na pesquisa, foi necessário esclarecê-la diversas vezes sobre meus objetivos. Aliás, senti que pude contar, de fato, com sua confiança, quando, durante um encontro com os professores de 1ª a 4ª séries do ensino fundamental, discorri sucintamente sobre a função didática de alguns jogos no ensino da Matemática. Alice ficou especialmente interessada e pediu um outro encontro a sós para falarmos mais sobre o assunto, pedido que foi atendido prontamente. Desse modo, nossos contatos foram pautados por um misto de admiração e desconfiança, gerando momentos de maior integração e outros de tensão.

Iniciei a entrevista propriamente dita de maneira idêntica à anterior, ou seja, lendo primeiramente os motivos do encaminhamento por parte da professora e, posteriormente, o relato de minha avaliação de um aluno de cada grupo.

Na avaliação que Alice enviou-me sobre a boa aluna (Tal) havia o seguinte comentário: "*...presta atenção na aula, faz as lições com capricho, tem bom raciocínio matemático...*". Após minha leitura, numa atitude de defesa da sua avaliação e da própria aluna, como que antevendo o que seria desvelado no diagnóstico, Alice fala:

– Ela não tem bom raciocínio não. Deixe-me ver (pegando o papel das minhas mãos) se eu escrevi isso mesmo (olha atentamente para verificar o que havia escrito, silêncio...). É que a dificuldade dela é só no raciocínio. É só no fim do ano que a gente conhece bem as crianças, ainda mais se elas copiam umas das outras, aí é que não dá para saber mesmo. Ela veio da 2ª série para a 3ª série como

boa aluna. Esta minha avaliação foi feita em maio e, logicamente, a gente ia recordar muito a série anterior, e como ela estava sentada perto de uma menina que era boa aluna também, ela copiava os exercícios de matemática e eu não notei. Só quando comecei a chamá-la na lousa foi que notei a dificuldade. Conta ela sabe fazer. Ela vai para a quarta série com um pouquinho de dificuldade.

Leio o relato de minha avaliação e, inicialmente, Alice quer certificar-se de que foi Ev quem respondeu às perguntas. *Você tem certeza que está lendo a avaliação dele mesmo?* Fato esclarecido, começamos a conversar, desse modo, sobre os recursos intelectuais que Alice julgava necessários para que as crianças pudessem "dar conta" dos conteúdos apresentados na 3ª série.

Alice ressaltou a importância da sondagem elaborada na pesquisa, como forma de instrumento para se conhecer melhor a criança. Às vezes, segundo Alice, no dia-a-dia de classe não é possível observar realmente o que acontece com o aluno. Algumas crianças, por exemplo, possuem um raciocínio rápido, mas não sabem registrá-lo, impedindo o professor de conhecer esse raciocínio; outras, por se expressarem melhor, permitem ao docente ter a certeza de que o aluno sabe pensar sobre o tema em pauta.

Ao falar sobre os instrumentos que utiliza para observar o desenvolvimento da aprendizagem dos seus alunos, Alice faz o seguinte comentário:

– Eu observo a criança no dia-a-dia.. Eu percorro a classe e vejo o que ela está fazendo; quando vejo que tem errado muito, eu tiro quem está mais adiantado de perto. Observo se um está copiando do outro, se é o amigo que está ensinando. Chamo a mãe e pergunto como a criança está em casa, quais são as suas dificuldades.

Quando solicitei que definisse quais os objetivos da série e quais os critérios para se saber se um aluno estava apto para passar de ano, Alice, depois de um grande silêncio, falou:

– Até um tempo atrás eu tinha muito claro o que os alunos deveriam sair sabendo de uma 3ª série. Atualmente, como já te disse, não tenho mais certeza nenhuma. Tem criança que chega para a gente sem saber nem ler e escrever, tem outras que repetiram a série seis vezes e continuam na mesma, uns nunca trazem material e pouco

se sabe o que eles conseguem realmente produzir e assim vai. Então, eu me pergunto o que uma criança precisa ter atingido ao final da 3ª série e fico sem saber. Antigamente, quando a escola pública não era isso que é hoje em dia, quando os alunos tinham nível, as crianças deveriam sair da série lendo e escrevendo bem, sabendo as quatro operações matemáticas, tendo algumas noções cartográficas e de localização espacial, tendo noções sobre o funcionamento do corpo humano, sabendo um pouco sobre os principais fatos de nossa história, etc. Hoje em dia esse currículo com essa clientela é piada. Se o menino aprender a ler na série, já é uma festa...

É possível notar na fala de Alice, além do saudosismo já citado, um grande dissabor por ser esse seu universo de trabalho. Pude também observar em nossas conversas que Alice nutria uma grande fantasia a respeito não só de suas condições de trabalho passadas (pois é normal idealizar situações vividas, quando se torna difícil a compreensão e o manejo do presente), mas das condições "maravilhosas" que encontraria caso fosse professora de uma escola particular, local onde não haveria pobreza, abandono paterno, alunos repetentes, mas sim acesso a variado material didático, crianças limpas, nutridas e atenciosas, famílias estruturadas e colaboradoras para o pleno desenvolvimento físico e mental dos seus filhos.

Nessa época eu realizava um trabalho de assessoria pedagógica para professores de 1ª a 4ª séries do ensino fundamental numa escola particular que atende a um público de classe média e alta. Sabia, portanto, que essa escola particular sonhada por Alice não existia. Trabalhava com professores assustados, tão perdidos e desanimados quanto ela, que não sabiam mais até onde chegava seu papel, se deveriam, por exemplo, concentrar-se no ensino das "letras e dos cálculos" ou se precisavam compreender "a fundo" o que acontecia com aquele seu aluno cuja mãe trabalhava muito e não lhe dava a necessária atenção, com o outro cujos pais viviam viajando e ele ficava "nas mãos dos empregados" ou com aquele cujo pai havia assumido sua homossexualidade e ido morar com um amigo. Envolta nessa minha experiência, procurava conversar com Alice sobre os problemas com que os professores da escola particular também se deparavam. Meu intuito era que pudéssemos realizar uma reflexão mais profunda sobre objetivos e limites da atuação docente, na escola de primeiro grau. Não sei o quanto foi possível atingir esse objetivo, pois Alice insistia na idéia de que os pais das crianças da escola particular provavelmente assemelhavam-se àqueles pais do início de sua carreira no magistério.

– Não creio nisso. As crianças de classe média e alta têm sempre o apoio familiar. Esses pais de filhos que estudam na escola particular vão sempre na escola conversar com a professora, perguntara por que tirou nota baixa, eles querem saber de tudo, como era nas escolas da rede, quando comecei a dar aula.

Pergunto se Alice tinha contato com escolas particulares, se já havia lecionado em alguma e obtenho a seguinte resposta:

– Não, mas sei que é assim. Aqui eu dou uma avaliação, mando para casa para a mãe assinar, a maioria nem mostra para a mãe, ficam com a prova uma semana e a mãe nem assina, recolho, pois não há nada a fazer.

Ao conversarmos sobre as esperanças que Alice tinha no auxílio de alunos como Ev, ela mostrou-se desanimada, acreditando nas poucas possibilidades que seu trabalho possui para contribuir com alunos como ele. Tal como Fátima, Alice arrola uma série de condições externas que inviabilizam qualquer tipo de ação nesse sentido:

– Alunos como Ev deveriam ser atendidos individualmente, fato impossível com 35 alunos e uma classe difícil como a minha, onde os alunos só querem saber de brincar. Nessa sala eu não consigo sentar um minuto, tenho que ficar atenta o tempo todo... Depois, tem outra coisa, não dá para tudo ficar nas nossas mãos, a ajuda da família é muito importante. Se a mãe e o pai olhassem o caderno, vissem o que foi feito, o que a professora deu, acho que a criança teria mais segurança para fazer as tarefas dadas. Sabe, essas crianças são abandonadas, eles fazem o que querem e tudo bem, os pais trabalham e elas ficam sozinhas em casa... Então, o número excessivo de alunos por sala, a falta de interesse familiar, a grande heterogeneidade entre os alunos, falta de material didático, tudo isso junto faz com que fiquemos com as mãos atadas.

Retornamos à avaliação de Ev e Tal: perguntei o que diferenciava os dois, o que fazia com que um fosse bem na escola e o outro não.

– *Tal é boa aluna apesar de não ser boa em Matemática. Se fosse em Português dificultava um pouco, mas no caso dela é só Matemática. O raciocínio é importante na hora de resolver um problema, já com as contas ela não se atrapalha muito. Ela é muito esforçada, faz toda as tarefas, não tumultua, é uma aluna que eu nem penso em reprovar. O Ev vai repetir de ano. O que acontece com ele é muito simples: não se interessa, nunca faz a lição de casa, pura preguiça. Já chamei a mãe várias vezes, ela só veio na reunião de pais, ela também não se interessa.*

Pedi que Alice explicasse melhor o que ela considerava um problema de aprendizagem e como essa dificuldade se manifestava em alunos como Ev.

– *Como assim? Deixa eu pensar um pouco... Olha, não dá para generalizar, vai de criança para criança. A Tal, por exemplo, apesar de não raciocinar direito, não tem problema de aprendizagem, pois é esforçada, a mãe muito interessada, até participa da A. P. M.. Essa dificuldade de raciocínio não atrapalha o andamento das coisas, se tivesse mais tempo, com uns joguinhos dava para ajudá-la e muito... Eu deveria ter uma hora a mais com as crianças, nessa hora só jogaríamos, acho que seria bom para todos, sabe aqueles jogos que você ensinou pra gente, que ajudam a desenvolver o raciocínio... Já o Ev pode ser considerado um problema. Eu sei que a dificuldade dele não é no raciocínio, mas também não sei dizer onde está a dificuldade... Não sei se é falta de interesse da família, pois fica bagunçando, não participa das aulas, não entrega as lições... A Tal, mesmo com esses probleminhas na Matemática, vai ser aprovada... Ele, depois de nossa conversa, preciso observar melhor, fazer novas avaliações para ver se está evoluindo, vou chamá-lo mais na lousa, vou tentar fazer uma espécie de recuperação com esses alunos. Eu sei que, dependendo da criança, a reprovação só atrapalha. Vou observar mais, reavaliar essas crianças, quem sabe...*

Aproveitei a disponibilidade de Alice para rever e observar melhor alunos como Ev para retomar com ela "um fio" da entrevista que havia ficado para trás com muita amargura. Retomei a conversa sobre as esperanças do professor em ajudar crianças como Ev.

– O professor não pode nunca perder a esperança. Tem dias que eu saio daqui muito desanimada, parece que a gente falou para as paredes o tempo todo. Os alunos bagunçam, não há mais respeito, uma desconsideração total... Tem horas que dá vontade de desistir... Tudo poderia ser diferente se tivéssemos mais apoio, mais recursos, mais tempo com as crianças. Mas isso vai variar de criança para criança: um tem problema de raciocínio, mas não dá problema em sala de aula; já o outro, que não tem dificuldade de raciocínio, dá muito trabalho em classe. Mas de qualquer forma eu não perco as esperanças porque mesmo a criança estando péssima ela vai amadurecendo, a maturidade uma hora chega.

No final do ano Alice informou-me que Ev foi promovido para a série seguinte.

4.2.3. A TERCEIRA PROTAGONISTA: PROFESSORA CLÁUDIA

Cláudia também é antiga na escola. Leciona para as séries iniciais do ensino fundamental há vinte anos. Das quatro professoras, foi a que demonstrou menos boa vontade em participar da pesquisa. Demorou muito para entregar a avaliação dos alunos que iriam participar do diagnóstico, não por dúvidas de quem colocar, como sua colega Fátima, mas por esquecer sistematicamente de fazê-lo. Para marcar a entrevista foi bastante difícil, nunca tinha horário disponível e raramente permanecia na hora da atividade extraclasse, ocasião em que as entrevistas eram agendadas.

Fátima, no alto de sua insegurança, via-me "como a salvação de seus problemas"; Alice, com seus trinta anos de magistério, desconfiava da possibilidade de eu poder mostrar algo de realmente útil e eficaz para o seu trabalho em sala de aula; já Cláudia demorou muito para travar algum tipo de relação comigo, mostrava-se distante, aérea, como se não tivesse importância nenhuma para o seu trabalho em classe o assunto que iríamos discutir. Costumava me tratar por "meu bem", "anjo", "querida", negando-se a decorar meu nome.

Depois de muito insistir, finalmente conseguimos nos acertar e marcar os horários para os nossos encontros. Iniciei a entrevista mantendo o mesmo procedimento das anteriores, ou seja, lendo o relato da avaliação de um aluno de cada grupo. Cláudia ficou muito surpresa com os dados, pois não houve diferenças significativas entre os alunos. Solicitei então que refletisse sobre o porquê de Cri (aluno do grupo 1) ir mal na escola, apesar de não apresentar problemas de raciocínio, de acordo com minha avaliação, e Kel (aluna do grupo 2), dispondo de recursos intelectuais semelhantes aos dele, apresentar um bom desempenho.

– *O problema é psicológico e não é pouca coisa. A mãe foge do assunto, já fiz encaminhamento e ela nem ligou, não me deu mais retorno. Os pais demoram muito para aceitar que os filhos têm problemas. Essa mãe acha que é só brincadeira, que ele é esperto na rua, que se não se dá bem na escola a culpa é nossa, eu é que não sei cativá-lo, ensiná-lo. Ele não faz por falta de estímulo. Mas a gente sabe que as coisas não são bem assim... Eu sinto ele "travado nas quatro rodas". Não sei se ele quer infernizar os pais, se quer aparecer... Tem dias que ele fica muito quieto, se comporta direitinho, mas tem dias que seu comportamento é um horror.*

Perguntei para Cláudia como era a produção escolar de Cri nos momentos que estava mais centrado.

– *Aí ele faz! No entanto, o fato é que não há na escola uma seqüência no acompanhamento da criança. Este ano, por exemplo, diagnostiquei problemas fonoaudiológicos na minha sala, troca de letras. Avisei as mães, insisti para que procurassem uma fonoaudióloga, mas chega uma hora que você não vê interesse e larga a mão. Eu consegui ter esse diagnóstico em outubro. No ano que vem a professora vai precisar de todo um tempo para descobrir o mesmo problema...*

Cláudia sempre acabava dando um jeito de se desviar da questão proposta. Parecia que o tempo todo queria provar-me que não havia nada realmente a ser feito com esses alunos, insistindo, como suas outras colegas, em olhá-los sempre pelo mesmo prisma. E minha insistência em ajudá-la, observar essas crianças por um novo ângulo causava-lhe não espanto como à Fátima, ou descrença como à Alice, mas, sim, desprezo e raiva.

Quando, por exemplo, falou-me de que nada adiantava diagnosticar trocas fonoaudiológicas em seus alunos, pois além de os pais não seguirem os seus encaminhamentos, o próximo professor não daria continuidade ao trabalho, pois necessitaria, como ela, de praticamente um ano letivo para observar os problemas que acometem os alunos, perguntei-lhe se não havia nenhum tipo de passagem, do professor antigo para aquele que iria assumir a sala no ano seguinte. Sabia que, por mais incipiente que pudesse ser, algum nível de troca (mesmo que informal) deveria ocorrer entre os professores, pois encontravam-se diariamente, além do horário do recreio no final do período, por uma hora e meia no momento destinado à hora-atividade. Era do meu conhecimento também que desde junho as professoras do ensino fundamental 1 estavam sem coordenação pedagógica, pois a antiga coordenadora havia se afastado e não tinha sido substituída até então. Este fato poderia estar gerando uma certa falta de direcionamento nos encontros diários dos professores. No entanto, como raramente participava dessas reuniões, quando questionada por mim se não havia algum momento, no horário dos professores, destinado à realização desse tipo de troca, Cláudia, desviando o assunto, fez o seguinte comentário:

– *O que funcionaria de verdade, o que precisaria ter realmente era uma pessoa, um sanitarista que cuidasse disso, que tivesse uma pasta de controle, apertasse mais os pais, fizesse cobrança desses tratamentos.*

Insisti em minha pergunta inicial, a respeito da passagem das classes, se não havia nenhum tipo de troca entre os professores. Cláudia respondeu:

– *De que adianta falar com o colega se não tem ninguém na escola que obrigue esses tratamentos? A mãe leva a criança se quiser, ninguém a obriga a isso.*

Nesse momento questionei Cláudia sobre quem seria a pessoa ideal, na escola, para orientar os pais quando as coisas não estivessem correndo bem.

– *Não sei... nós temos uma porção de médicos, de sanitaristas por aí, eles podiam perfeitamente exercer esse papel, fazer isso. O professor é que não dá para ser, ele já está muito sobrecarregado, é muita carga para ele. Além disso, do que iria adiantar, ninguém iria dar ouvidos para ele... Outra coisa que funcionaria seria um psicólogo que ficasse no lugar da mãe, que tomasse conta da parte de saúde da criança, da higiene da saúde mental. Para a gente fica difícil trabalhar todas essas questões, e o tempo de que dispomos não seria suficiente.*

Nesse momento da entrevista, observei pela primeira vez uma expressão de cansaço no olhar de Cláudia. Atribuía a "um ser superior" – médico, sanitarista ou psicólogo – a redenção das mazelas enfrentadas pelas crianças na escola. Por outro lado, torna-se evidente o porquê do depósito de suas esperanças em seres revestidos de tanta "potência": não satisfeita em apenas solucionar os problemas de ordem escolar, Cláudia ambiciona interferir na vida de seus alunos como um todo, escolhendo inclusive os adultos responsáveis por eles. Assim, seu papel como professora só se viabilizaria se esses seus *alunos problema* e suas famílias, omissas e irresponsáveis, fossem remodelados por esses poderosos agentes externos e devolvidos à escola reformulados e, agora sim, passíveis de serem ensinados.

Esse tipo de postura, além de (como já foi observado por inúmeras pesquisas sobre o fracasso escolar) centrar suas causas somente nas crianças e nas suas famílias, eximindo a escola de qualquer responsabilidade, acarreta para o professor um profundo sentimento de malogro profissional, pois não se encontra em suas mãos a possibilidade de intervenção no quadro desolador que enfrenta diariamente, em que quase metade dos alunos, segundo os próprios docentes, apresenta algum tipo de problema que os impedem de ter um bom desempenho escolar.

Procurei, durante a entrevista, encaminhar nossa conversa para dentro dos muros da escola, na tentativa de fazer uma reflexão sobre se não havia, de fato, nada a ser feito com essas crianças na sala de aula, independentemente de possíveis encaminhamentos e auxílios externos. Pedi, por exemplo, que falasse um pouco a respeito das condições que julgava necessário existir na escola, para que pudesse interferir de modo mais eficaz na aprendizagem dos seus alunos, mas Cláudia continua insistindo em soluções totalmente fora do seu alcance.

– Deveria existir um acompanhamento psicológico. A gente dá o diagnóstico este ano, mas até a mãe se interessar, até ela achar vaga no posto de saúde, tem tantas barreiras que é melhor nem falar. Já uma criança normal e bem-alimentada, você tem que procurar uma maneira de atingi-la principalmente através do material didático, coisa que mais falta na escola. A gente precisava ter muito mais material, trabalhar mais no concreto, também ter um número reduzido de alunos em classe. Tem que melhorar as condições da gente também, dá vergonha dizer quanto a gente ganha. Hoje em dia, só fica na profissão quem é muito teimoso! Aqui é escola da prefeitura, lugar de pessoal de recurso financeiro baixo, há uma carência de tudo, ou o professor se preocupa e vai atrás, ou não tem mesmo... Eu não tenho tanta dificuldade porque fiz pedagogia, mas vejo muitos colegas penando, eles sentem dificuldade até para a correção de uma prova, essas pessoas precisariam de apoio pedagógico. No meu caso, essa parte está resolvida.

Perguntei, então, se ela tivesse de escolher alguma coisa para auxiliá-la em sala de aula, que tipo de ajuda escolheria.

– Se eu tivesse uma classe normal, com todos os problemas psicológicos saneados...? Olhe, eu trabalhei um tempo num departamento da Secretaria da Educação, fiquei uns anos fora de sala de aula. É muito importante esse tipo de experiência, amplia sua visão de mundo, é complicado ficar confinado somente naquele espaço de classe, isso tira sua possibilidade de compreender que as coisas são mais amplas. Nessa época eu fiz muitos cursos, convivi com gente de tudo quanto é lugar, dava para se sentir mais importante, fazendo de fato uma coisa séria, parece que as pessoas te respeitam mais, a gente fica melhor, mais feliz consigo mesma... O professor deveria ser reciclado sempre em todos os ângulos, através de cursos, de

encontros com especialistas, às vezes, aprendendo coisas básicas, como corrigir uma prova, por exemplo.

Nessa altura da entrevista Cláudia já se mostrava muito mais disponível para a conversa, falava bastante, fazia desabafos, empolgava-se com as coisas que dizia. Observei que parte da resistência que ela havia demonstrado em colaborar com a pesquisa era fruto do medo que possuía em ver seu trabalho exposto. Declarava que parte de seus alunos era "anormal" e com famílias desajustadas, na tentativa, provavelmente, de defender-se do fato inexorável de que, dos seus 32 alunos, dezoito estavam prestes a perder o ano. Não seria natural, portanto, Cláudia imaginar que se houvesse alguém que estivesse falhando, esse alguém fosse ela, e não as crianças. Se só conseguia ver os defeitos, as dificuldades, o que faltava em seus *alunos problema*, com um olhar pouco flexível, acostumado a convergir sempre para o mesmo ângulo como um olho estrábico, era certamente com essa mesma rigidez que olhava para si mesma. Ao longo da entrevista, quando eu procurava ponderar sobre a possibilidade de intervenções pedagógicas que estivessem ao seu alcance, ela fugia do assunto e irritava-se. Cláudia, por não acreditar que pudesse fazer algo de bom e verdadeiro para os seus alunos, os classificava como "casos perdidos".

Cláudia disse-me que estava cansada, que na maioria das vezes falava sozinha para duas ou três crianças, que ninguém reconhecia o trabalho do professor, que as crianças não a respeitavam. Acreditando que eu fosse psicóloga, apesar de eu ter lhe dito sobre minha formação e especialização profissional, quis aproveitar esse encontro para uma consulta pessoal. Perguntou-me se eu achava normal ela estar tão deprimida e desanimada, disse-me também que estava entrando na menopausa e sentia coisas horríveis, e se eu acreditava que isso pudesse atrapalhar o seu trabalho em sala de aula.

Foi uma entrevista difícil, arrastada, em que o ritmo não era aquele que eu desejava, mas foi o encontro que mais me tocou. Senti o quanto Cláudia estava sozinha, sem interlocutor nem para falar coisas de cunho tão pessoal. Fiquei com medo de ter invadido sua privacidade, de ter despertado sentimentos de angústia sem possuir condições de contê-los. Mas como ainda permaneci na escola até o fim do ano, Cláudia, a partir desse encontro, aproximou-se, pediu minha opinião sobre tarefas a serem realizadas com as crianças, mostrou-me algumas provas que estava com dificuldade de avaliar, contou-me de seus problemas de saúde; no final do ano, entre sorrisos e cansaço, disse-me que dos dezoito "futuros repetentes", somente cinco iriam refazer a série. Cri estava no grupo dos aprovados.

4.2.4. A QUARTA PROTAGONISTA: PROFESSORA LAURA

Laura também é uma professora experiente, trabalha há vinte anos com as séries iniciais do ensino fundamental, sempre lecionando em escola pública. Desde os nossos primeiros contatos pude observar seu grande interesse pela pesquisa. Prontificou-se de imediato em encaminhar seus alunos para a avaliação, colocando-se disponível para eventuais esclarecimentos.

Laura, da mesma forma que Fátima, Alice e Cláudia, queixou-se muito dos inúmeros problemas que enfrentava em seu dia-a-dia na sala de aula, demonstrando cansaço e desesperança em relação às possibilidades de auxiliar as crianças que enfrentam algum tipo de dificuldade no percurso escolar. No entanto, apresentava uma maior disposição para compreender as mazelas de sua profissão do que suas outras três colegas. Quando tive a oportunidade de observá-las reunidas, em momentos diversos (na hora do recreio, na reunião que realizamos conjuntamente, durante a hora-atividade, etc.), percebi que exercia um papel importante no grupo, relatando suas experiências, ajudando um colega em dúvida, trocando com professores de séries anteriores informações sobre os seus atuais alunos.

Essa característica de Laura ficou bastante ressaltada na realização da nossa entrevista. Notei que estava realmente interessada no diagnóstico efetuado, ouvindo atentamente o que estava sendo lido nos relatos de seus alunos, para posteriormente, após uma reflexão, posicionar-se a respeito dos fatos apontados. Seu primeiro comentário, ao final do meu relato sobre as avaliações de Sab (aluna apontada como portadora de problemas de aprendizagem) e Ren (avaliado como bom aluno), foi o seguinte:

– Pelo que pude ver no seu diagnóstico, os dois não tiveram um desempenho muito diferente. Quando eu te entreguei a minha avaliação sobre eles, estávamos em maio e, de lá para cá, muito coisa mudou. Nesta época do ano ainda não dá para ter um perfil muito claro da classe. Depois, você pediu para escolher três crianças com dificuldade. Na minha sala, de trinta alunos, pelo menos quatorze ou quinze possuem algum tipo de problema. Lembro-me que na época foi muito complicado para eu selecionar esses três. Pensei em mudar várias vezes, mas aí, você disse que não podia. Problema é o que não falta na minha sala, então fica difícil de escolher. É interessante observar o seu diagnóstico, pois ele mostra outras possibilidades das crianças, possibilidades essas que muitas vezes nós não conseguimos ver em sala de aula.

Vejamos o caso de Sab, por exemplo. Você está me dizendo que ela teria todas as condições de ser boa aluna, não é verdade? Pelo que entendi da sua avaliação, ela tem um bom raciocínio e as dificuldades que demonstrou durante o diagnóstico não justificariam um mau desempenho na classe. Realmente, daquele período para cá ela vem melhorando, mas ainda é muito instável, depende do dia. Seu problema é a briga da separação dos pais. Essa menina ficou muito envolvida nesse conflito, tornou-se uma criança aérea, distante, despedaçada, eu não sabia o que fazer para consolá-la. O pior de tudo é que eu não tenho somente ela na sala; como disse, são no mínimo quatorze ou quinze com problemas. Um não aprende porque os pais estão se separando, outro porque fica sozinho o dia inteiro, um outro porque o pai está desempregado e bebe. Coitadas das crianças de hoje em dia, são muito abandonadas e carentes.

Pude observar que Laura sentia-se muito perturbada com a situação desses seus alunos. Esse mal-estar, essa sensação de não conseguir "dar conta do recado", foi expresso diversas vezes por ela ao longo de nossas conversas. E quanto mais se sentia incomodada por esses sentimentos, mais longe de si e de suas possibilidades de intervenção colocava a transformação do quadro esboçado. De fato, por mais presente e afetivo que um professor possa ser, é muito limitado o seu poder em relação a sentimentos tão intensos e íntimos que muitos de seus alunos têm de enfrentar desde muito cedo. Como, por melhores que possam ser as intenções do professor, conseguir que uma criança não se entristeça perante a separação dos pais, não fique com medo diante de um pai que se torna violento ao beber ou que ignore o fato de ver seus pais lutando por um emprego e muitas vezes não obtendo sucesso? Se o professor for condicionar o êxito de sua atividade à superação desse tipo de sofrimento infantil, realmente é melhor desistir do seu intento. Na vida real, casais se separam, chefes de família perdem seu emprego e nem todos os pais e mães, infelizmente, possuem suficiente bom senso para não submeter seus filhos a situações de angústia, pavor e dubiedade, causadas pelos inúmeros desacertos a que nós adultos somos acometidos ao longo de nossas vidas.

Era sincera a preocupação de Laura em relação aos conflitos familiares vividos por sua aluna Sab. No entanto, por não conseguir ter a devida clareza do seu real papel, acabava, de forma invasiva, vasculhando a vida íntima de Sab e de seus familiares, colocando-se a par de determinados fatos que, provavelmente, pouca utilidade teriam para o seu trabalho pedagógico em sala de aula.

– *É como eu disse, as famílias não poupam os filhos de determinadas situações... No caso de Sab, a avó contou-me que o casal tem brigas violentas até hoje; mesmo depois de separados, brigam por ciúmes. Ouvi dizer que a mãe está andando com outro homem e o ex-marido não suporta a idéia da existência desse outro, um caso sério... Agora eu te pergunto, como é possível dar aula, fazer alguma coisa entrar na cabeça dessas crianças se elas chegam na escola mais preocupadas com esses problemas de casa do que em aprender qualquer coisa que eu precise ensinar para elas?"*

A falta de motivação dos alunos foi um tema recorrente em todas as entrevistas. Apesar de os professores atribuírem a causa desse desinteresse a fatores de ordem externa ao contexto escolar, pude observar o quanto esse assunto causava-lhes um profundo desgosto: "falar para as paredes", todos os dias, durante pelo menos quatro horas seguidas, tem gerado para os docentes um enorme desconforto.

– *Aquele meu plano de aula todo bonitinho que funcionava há vinte anos hoje pode ser considerado piada para esses alunos. O problema é que eu sou dessas professoras à moda antiga, eu aprendi a fazer de um jeito e é desse jeito que eu sei fazer. É claro que a gente inova, vai em busca de uma lição diferente, mas não tem sido fácil. Hoje em dia parece que nada interessa a essas crianças. Tem criança aqui que só come quando está na escola, outras que se criam praticamente sozinhas, outras que convivem com infratores, traficantes de drogas, é uma barra. Daí eu fico pensando; como eu posso lutar contra tudo isso? Qual é o meu papel? Tem dia que eu saio daqui me sentindo uma porcaria, passei quatro horas falando para três ou quatro, parece que o que se ensina entra por um ouvido e sai pelo outro. Vai ver que a culpa é toda minha, estou cansada e ainda mais vou ter que fazer uma cirurgia para retirar o meu útero, isso é uma coisa muito dura para uma mulher.*

Perguntei para Laura o que deveria ser feito para ajudar a melhorar esse quadro desolador descrito por ela, se havia alguma possibilidade de transformação e se era possível ter esperança.

– *Jeito sempre tem. Em primeiro lugar, era preciso ter menos alunos ou ao menos alguém que me auxiliasse. Em segundo lugar, precisava de alguém na escola como você, alguém de fora, que não esteja tão envolvido com o dia-a-dia da escola, para olhar esses alunos, observar de fato, ou quem sabe com olhos menos viciados, o que está acontecendo, alguém que depois pudesse conversar com os professores, ajudando-os a refletir, para conjuntamente efetuarem os devidos encaminhamentos. Veja a nossa situação, nem coordenadora pedagógica agora a gente tem. Fica um trabalho muito solitário, muito isolado, cada um em sua sala de aula. Quando a gente se reúne na hora-atividade, fica tudo meio solto, falta alguém coordenando, dando dicas, trazendo um texto novo, dando uma nova idéia de lição, nos ajudando a refletir sobre os nossos alunos. Caso contrário, a gente fica "correndo atrás do próprio rabo", se queixando o tempo todo, dando explicações que em nada resolvem os nossos problemas. Daí a frustração aumenta e o desânimo também.*

De todas as professoras, Laura foi a que apontou soluções mais legítimas e plausíveis de serem executadas. Digo legítimas, pois nada mais coerente para um professor que deseja ser bem-sucedido em sua tarefa pedagógica reivindicar a presença de um profissional na escola, que coordene e "alimente" – mediante textos, circulação de novas idéias e realização de palestras com especialistas em Educação – o trabalho desenvolvido pela equipe docente em sala de aula. Por outro lado também, é bastante compreensível requerer a presença de um ajudante que pudesse, de alguma forma, diminuir um pouco sua enorme tarefa, auxiliando os alunos em suas dúvidas, dando uma assistência mais individualizada para algumas crianças ou ajudando na correção de exercícios. As soluções apontadas por Laura são plausíveis por serem factíveis de realização dentro dos muros escolares. Realmente, é inviável para a escola e, portanto, para o docente unir o casal que se separou, mas é bastante possível para o professor lutar por condições dignas de trabalho, por ter acesso a uma equipe de profissionais que promova seu constante crescimento como educador, que o estimule a estudar, participar de seminários e congressos da área, que o auxilie nos momentos de dificuldade.

Quando perguntei a Laura sobre os critérios de avaliação dos seus alunos, mais uma vez apontou como dificuldade nesta questão o isolamento vivido pelo professor e, por conseguinte, a ausência de critérios comuns para os professores de uma mesma série.

– *Não há discussão nenhuma entre a gente, fica meio que a critério de cada um, e isso tem causado enormes problemas. Eu, como dou aula há muitos anos, tenho meus próprios critérios de aprovação, o aluno precisa acabar a 3ª série lendo e se expressando bem, precisa resolver os problemas propostos. Mas aí nasce outro problema: uma coisa são os meus objetivos para a série, outra coisa é o que vem ocorrendo na prática nesses últimos anos. Mais uma vez, há um descompasso entre o que se acredita e a realidade. O pior de tudo é que a gente não discute essas coisas, que certamente acontecem comigo e com a colega do lado também, mas não há troca.*

Laura demonstrou muita curiosidade em saber sobre o diagnóstico dos seus outros alunos. Disse que esse tipo de discussão estava sendo muito importante para reavaliá-los de um modo geral. Contei a ela que, realmente, não houve muita diferença entre os dois grupos.

– *Que bom, então nenhum é um caso perdido!*

Sab foi aprovada para a 4ª série do ensino fundamental.

4.3. As entrevistas com as professoras coadjuvantes

Além das entrevistas com as protagonistas, foram realizadas entrevistas adicionais com doze professoras do ensino fundamental I de diversas escolas públicas da cidade de São Paulo. Todas participavam, ao longo do ano de 1998, de cursos de educação continuada ministrados pelos profissionais do Laboratório de Psicopedagogia do Instituto de Psicologia da Universidade de São Paulo.

Em meu primeiro contato com esses docentes (que ocorreu durante uma aula do próprio curso), expliquei os objetivos gerais da entrevista e da pesquisa que estava sendo realizada e solicitei doze voluntários para participar do evento.

As entrevistas eram abertas. No entanto, preparei um roteiro com seis perguntas que deveriam ser o fio condutor da conversa com os professores: (1) O que é um bom e um mau aluno?; (2) O que é um aluno com problemas de aprendizagem?; (3) Na sua sala de aula, em média, quantos alunos não aprendem?; (4) No seu ponto de vista, qual é a origem dos problemas de aprendizagem?; (5) Que tipo de intervenção é possível ser feita?; e (6) Que sentimentos um professor tem carregado dentro de si nesses últimos tempos?

Os encontros com essas professoras duraram por volta de uma hora e meia e ocorreram no próprio Instituto de Psicologia da USP. As conversas ocorreram num clima amistoso e agradável, pude observar que se sentiam importantes por estarem participando de um trabalho deste porte, desenvolvido por uma pesquisadora da USP, instituição que muito respeitam. Essa disposição para as entrevistas ficou mais evidenciada quando todas, sem exceção, se dispuseram a ficar um período adicional, além do horário do curso, para que os encontros pudessem ser realizados. Durante as conversas, as professoras ficaram empolgadas e, na maior parte das vezes, fui eu quem precisou colocar um limite, preocupada com a distância de teriam que percorrer de volta aos seus bairros de origem.

Todas as professoras que participaram da pesquisa lecionam nas séries iniciais do ensino fundamental I. Das entrevistadas, 33% dão aula para a 2ª série, 16% para a 3ª série e 50% para a 4ª série. Um grupo, 41%, trabalha em escolas públicas da região do Campo Limpo e o restante leciona em escolas públicas na região de Santo Amaro.

Sua formação é variada. A maior parte delas (83%) possui 3º grau completo, com especializações diversas: duas são formadas em Psicologia, cinco em Pedagogia, duas em História e uma em Artes Plásticas. As outras duas professoras (16%) têm como especialização o curso de magistério. Todas têm muitos anos de experiência docente: 41% de dez a quinze anos e 59% de quinze a vinte anos.

As categorias utilizadas para a análise dos dados na entrevista, que serão resumidamente apresentadas a seguir, surgiram das próprias "perguntas-chave" que procuraram guiar a conversa com os professores.

Qual é a concepção dos professores sobre o que é um bom aluno e um mau aluno?

A maioria das professoras (60%) define um bom aluno como aquele que demonstra interesse pelo que está sendo ensinado em classe:

– *Para mim um bom aluno precisa demonstrar alguma forma de interesse pelas coisas que estão acontecendo na escola.* (P1)

– *Se o garoto veio para a escola, sentou em sua carteira, procurou se inteirar do que está acontecendo, para mim, já pode ser considerado um bom aluno.* (P2)

– *O melhor aluno para o professor é aquele que se interessa pelas coisas que ele tem a dizer.* (P3)

Já 40% das professoras acreditam que um bom aluno deva corresponder integralmente a todos os requisitos exigidos pela série. No entanto, quando solicitadas a explicitarem alguns desses requisitos, acabam se perdendo em definições tão gerais que se torna difícil compreender o que elas esperam, de fato, dos seus alunos. Vejamos o que falam algumas dessas professoras a respeito deste assunto:

– O bom aluno tem que corresponder a tudo aquilo que se espera dele, dar conta de todos os requisitos da série... Na 2ª série, por exemplo, o menino precisa ler e entender o que está lendo, saber dar sua própria opinião, ter bom raciocínio... (P4)

– O bom aluno não dá trabalho, entende perfeitamente o que lhe é requisitado, corresponde integralmente ao que se espera dele, aos requisitos da série. Na 4ª série é preciso que ele leia de forma autônoma e compreenda o que foi lido, que saiba expressar-se criticamente, que possua um bom raciocínio lógico-matemático. (P5)

Já o mau aluno é definido por 60% das entrevistadas como aquele que não demonstra nenhum tipo de interesse pelos conteúdos ministrados, enquanto 40% das professoras referiram-se aos maus alunos como crianças que têm uma atitude revoltada e angustiada em relação às tarefas escolares. Todas, por sua vez, associam o mau aluno a crianças com problemas de ordem disciplinar, o mau aluno *tumultua e perturba a ordem da classe.*

– Para mim o pior aluno é aquele que agita a classe. (P6)

– O aluno que acaba tudo rápido para ficar bagunçando é o pior de todos. (P7)

– Aquele que não está nem aí com o que a gente fala, que ri, fala alto, provoca o colega no meio de uma explicação. (P8)

– Tem aquele que é revoltado, que se angustia em ficar sentado prestando atenção na aula, que olha com olhar de desdém para o que a gente está falando. (P9)

– Mau aluno é aquele que não te deixa dar aula. (P10)

– A situação mais terrível é aquela em que o aluno te desafia, não te dá sossego, quer testar seu limite.(P11)

– Mau aluno é aquele que só quer chamar atenção, faz gracinha o tempo todo, é o palhaço da classe. (P12)

É possível inferir que para esses professores, mau aluno é todo aquele que, de um modo ou de outro, provoca incômodo na sala de aula, incômodo que se manifesta pela apatia de uns e rebeldia de outros, por uma lição não feita, uma resposta *incorreta* numa avaliação, um ar de deboche diante de uma explicação proferida pelo professor, por atitudes que explicitam de forma concreta o desinteresse do aluno em relação aos conteúdos desenvolvidos em classe. Coloca-se num mesmo pacote das alterações disciplinares problemas de diversas origens, muitos deles ligados à motivação para a aprendizagem e que envolvem aspectos que, possivelmente, têm sua origem na maneira como o conhecimento é formulado e apresentado para as crianças na sala de aula. Não é à toa que associar o *mau aluno* ao aluno indisciplinado seja uma concepção tão forte entre os professores pesquisados, tanto protagonistas quanto coadjuvantes, pois

> *... mau aluno é o que burla as cláusulas do contrato pedagógico, que não cumpre suas supostas funções.*[48]

Qual a média dos alunos que demonstram dificuldades de aprendizagem em suas classes?

Sobre a porcentagem de alunos por sala de aula que apresentam algum tipo de distúrbio escolar, encontramos o seguinte panorama: 16% dos professores disseram ter poucos alunos com problemas de aprendizagem (em torno de 10% do total da classe); 50% dos docentes falaram que quase a metade de seus alunos apresenta algum tipo de distúrbio escolar; e 33% dos entrevistados alegam que 60% de seus alunos não conseguem ter um bom desempenho em sala de aula. De um modo geral, esses índices coincidem com os dados obtidos com os professores protagonistas. Caberá, num próximo momento deste trabalho, após a apresentação geral dos resultados obtidos na pesquisa com os professores, aprofundar a discussão sobre os possíveis sentimentos gerados nos professores por esses altos índices

48. AQUINO, J. G. *Confrontos na sala de aula: uma leitura institucional da relação professor – aluno*. p. 99.

de alunos que, de alguma maneira, fracassam em seu processo de escolarização.

Qual a concepção dos professores a respeito do que é problema de aprendizagem?

Foi muito difícil para todos os professores, sem exceção, conceitualizar de forma clara o que é um aluno com *distúrbios de aprendizagem*. Reforçando as constatações do item anterior, foi possível observar uma evidente confusão entre problemas de aprendizagem e as questões de ordem disciplinar. Por outro lado, cerca de 40% dos professores relacionam as dificuldades de seus alunos em classe a patologias diversas, como deficiências no sistema auditivo, carências nutricionais, doenças neurológicas e mentais. Já 60% dos docentes acreditam que um aluno com problemas de aprendizagem pertença a uma família que não se importa com o seu desempenho escolar. É, então, no seio dessa família *desestruturada*, onde os pais não *cuidam adequadamente* da educação de seus filhos, que serão gestadas as inúmeras dificuldades manifestas em sala de aula. Vejamos a fala de alguns professores que ilustra de maneira contundente tais concepções sobre o malogro escolar:

– É como eu disse, o menino não pára quieto, não presta atenção quando a gente fala, faz tudo de qualquer jeito, rapidamente, para poder bagunçar. (P1)

– Tem criança que só come quando vem para a escola, é desnutrida, essa falta de proteína deve causar algum dano lá dentro, na sua cabecinha. (P2)

– A gente foi proibida de falar de criança deficiente, é palavrão dizer que o aluno é deficiente, mas que tem muita criança com problema mental dentro das classes, isso tem mesmo. (P3)

– Eu acho muito errado essa mistura toda nas salas, tem criança surda, tem criança na 4ª série com idade mental de seis anos e meio, isso não sou eu que estou inventando, foi uma psicóloga que avaliou esses alunos e disse que eles não tinham maturidade para freqüentar uma 4ª série, são crianças com problemas mentais, neurológicos. (P4)

– Problema de aprendizagem do meu ponto de vista tem tudo a ver com a família, o aluno não está bem, a gente chama os

pais, muitos nem aparecem, outros não seguem nossos encaminhamentos, tem uns que a gente nunca viu a cara. (P5)

– São alunos abandonados, a família não está nem aí com eles, são criados soltos, sem base nem estrutura, são carentes, com diversos problemas emocionais. (P6)

– A origem dessas dificuldades de aprendizagem para mim está na família, são problemas emocionais trazidos de casa para a escola. (P7)

No capítulo 1 deste trabalho foram esboçadas algumas das concepções reinantes, divulgadas no cenário educacional brasileiro, a respeito das causas das dificuldades de aprendizagem e do fracasso escolar. Ao observarmos a explicação proferida por esses professores sobre os alunos que não aprendem, é possível vislumbrar que das concepções descritas, pelo menos duas encontram-se arraigadas em seus pensamentos: as explicações de enfoque orgânico, tão difundidas desde o início deste século por médicos, educadores e terapeutas, e, as explicações de ordem psicológica, que passam a ser divulgadas a partir da década de 30, colocando a psicologia como redentora de todas as mazelas da educação.

Que tipo de intervenção pode ser realizada, quais são as esperanças docentes em transformar essa realidade?

Todos os professores crêem na necessidade de uma intervenção na família, algum tipo de trabalho que oriente os pais quanto à educação de seus filhos e que os ajude a perceber o quanto a escola é um lugar importante para o crescimento de seus filhos e o quanto deve, portanto, ser valorizada. Para esses professores, sem exceção, não há muito o que fazer na escola se não houver anteriormente um trabalho de reestruturação familiar, que evite o surgimento de inúmeros problemas emocionais oriundos de meios desajustados.

– Para mim a primeira coisa que tinha que ser feita era um psicólogo, um educador, trabalhar com a família dessas crianças para conscientizá-las sobre a melhor forma de educar os filhos. (P1)

– Não adianta a gente ter a melhor das boas intenções, se em casa essas crianças não têm o menor apoio, a menor colaboração dos pais. (P2)

– Eu tenho a impressão que para esses pais tanto faz como tanto fez o menino aprender ou não; se passar de ano, mesmo não sabendo nada, já está bom. Não querem saber como o filho está indo na escola, não aparecem em reunião, não estão nem aí. Isso para a gente é muito ruim, pois a gente fica que nem umas chatas, dando murro em ponta de faca, pregando no deserto. Se a família não mudar o seu jeito de ver a escola, não dá mesmo para fazermos nada. (P3)

A maioria desses docentes (cerca de 83%) acredita que se houvesse menos alunos por sala e alguém que os auxiliasse nas tarefas de classe, seria possível desenvolver um trabalho mais adequado com os alunos que apresentam algum tipo de problema.

– A primeira providência é diminuir o número de alunos por sala; com 35, 40 alunos e às vezes até 45, não dá para fazer muita coisa que preste. (P4)

– Precisa ter no máximo 20, 25 alunos por sala e uma auxiliar, assim fica possível ajudar aqueles que precisam mais da gente. (P5)

– Com essa quantidade de aluno por sala não é possível fazer muita coisa mesmo, como eu posso dar atenção para um, e os outros trinta, o que vão ficar fazendo? Bagunça, é claro. (P6)

Mais da metade dos professores, por volta de 66%, acredita que é preciso ser revista a questão da reprovação no ciclo básico, pois o fato de os alunos serem promovidos automaticamente, independentemente do desempenho alcançado, faz com que se tenha crianças completamente desequipadas para enfrentar as exigências dos diferentes níveis escolares. Além disso, e mais grave, o professor torna-se desautorizado perante os alunos, perdendo de vez sua função dentro da classe. Esse fato gera um desrespeito por parte do aluno em relação ao docente e, segundo esses professores, sem respeito não há que se fazer em sala de aula.

– Para mim o principal motivo que faz o aluno apresentar esses problemas todos é o ciclo que promove automaticamente, fazendo passar de ano criança que não tem condição. (P7)

– Na minha escola tem até aluno desistente que é promovido, então como você vai conseguir que os alunos tenham interesse em aprender se eles sabem que vão ter tudo na mão? (P8)

– A promoção automática do ciclo acabou com o nosso trabalho, com o pouco de respeito que ainda tinham pela gente. O ano passado eu fiquei "no pé" de um aluno que freqüentava minha sala de 2ª série, para ver se ele se desenvolvia na leitura e na escrita, no fim do ano ele é aprovado automaticamente. Quando eu o vejo no início desse ano, ele vira para mim e fala com a maior cara de pau que ainda bem que ele tinha se livrado de mim e que, eu querendo ou não, ele estava na 3ª série. (P9)

Para 70% dos professores, há necessidade de investimento, por parte da escola, em recursos materiais e didáticos e em cursos de reciclagem profissional, para que seja possível desenvolver um trabalho pedagógico de melhor qualidade. A maioria, 83%, disse que seria importante haver uma maior troca de experiências entre colegas, pois sentem-se sozinhos e desamparados. Criticam a função que as coordenadoras pedagógicas acabam assumindo dentro da escola, descrita como burocrática, "office-boy" da diretora.

– O governo só sabe exigir da gente e não dá nada em troca. Não investe em material didático, não incentiva nossa participação em cursos como este daqui, por exemplo, não há desejo que a gente melhore e progrida. (P10)

– Não há troca entre a gente, essa coisa de um colega ouvir sobre o trabalho do outro, contar o que está fazendo com seus alunos, isso é muito importante para aprimorarmos nosso trabalho. São ações isoladas; no caso dessas oficinas, por exemplo, eu fiquei sabendo pela P2, que gosta de xeretear tudo, daí ela me falou, a gente vem para cá e ninguém mais na escola fica sabendo das coisas que estamos aprendendo nas oficinas, não há interesse, não há troca. (P11)

– Recentemente foi criada na Secretaria a obrigação de todas as escolas terem uma c. p. (coordenadora pedagógica), só que o que adianta ter c. p. se na maioria das vezes elas não servem para nada, a não ser correr da escola para as delegacias como se fossem um office-boy da diretora? Na minha escola a c. p. nunca pisou numa classe de 1ª a 4ª série, o que ela sabe dos nossos problemas para poder de fato nos ajudar? (P12)

Essas entrevistas mostram que a totalidade dos professores, mesmo apontando soluções plausíveis de serem realizadas no âmbito escolar, não acredita na possibilidade de transformação do quadro que enfrentam diariamente com ações que estejam ao alcance de suas mãos. Acabam sempre delegando para instâncias superiores ou externas à escola a responsabilidade pela mudança da realidade escolar na qual estão inseridos.

– A culpa dessa situação é deles, lá em cima. O governo está pouco se lixando com a nossa situação, não deixam a gente melhorar, progredir. Se o governo não investe na Educação, o que a gente pode fazer? (P1)

– Era preciso alguém "de peso" para impor respeito com essas famílias, um médico, um psicólogo, que interviesse no trabalho da escola, que colocasse essas famílias nos eixos. (P2)

– A gente tinha que ter outro tipo de formação, um conhecimento mais psicológico, para poder compreender melhor o que se passa com essas crianças; sem essa base, esse conhecimento, fica muito difícil fazer um trabalho de boa qualidade. (P3)

Em relação aos sentimentos, às esperanças ou desesperanças geradas por essa realidade em que grande parte dos alunos não corresponde às suas expectativas, oito professores disseram sentir, em relação ao trabalho, uma solidão muito grande, uma sensação de desamparo por não conseguir dar conta do recado, cumprir com os objetivos propostos. Esses docentes falaram que sentem um imenso desrespeito profissional, uma falta geral de reconhecimento e que têm vontade de desistir, pois estão sendo totalmente massacrados. Dois dos docentes disseram que só Deus seria capaz de resolver os problemas que enfrentam em sala de aula. Para os dois últimos, o desgaste emocional que a profissão gera é tão forte que em muitos momentos tiveram a impressão de que iriam enlouquecer, precisando, inclusive, afastar-se, mediante licença médica, de suas atividades em sala de aula.

– Eu sinto uma solidão muito grande, na minha escola não tenho com quem conversar, trocar idéias, é um abandono, um desamparo total. (P1)

– É a gente sozinho, na sala de aula, com milhares de problemas para enfrentar e sem ninguém para conversar, para dar uma ajuda, um amparo. (P2)

– Eu tinha passado por uns problemas de saúde, daí a diretora falou que eu não ia dar conta de uma criança, ninguém tinha conseguido até hoje trabalhar com aquela criança e não seria eu que iria conseguir. Aquilo me deu uma raiva danada, como não conseguir trabalhar com uma criança, eu uma adulta com vinte anos de profissão, seria muito humilhante desistir. Peguei aquele aluno "com unhas e dentes", dei o melhor de mim, tirei o melhor dele. No fim do ano, ele estava ótimo, alfabetizado, cooperativo, totalmente integrado. Não deixei aquela humilhação, que senti no início, tomar conta de mim. (P3)

– Eu me sinto super desrespeitada por tudo mundo, pelos pais, pelos alunos, por aqueles que me pagam esse salário ridículo. (P4)

– Os alunos não respeitam mais a gente, ainda mais com essa história de não ter reprovação, a gente se sente um palhaço, só falta eles olharem para nossa cara e rir da gente. (P6)

– Eu vou dizer uma coisa, você vai até achar graça, mas acho que só Deus para dar conta dessa situação que a gente chegou, eu me sinto totalmente sem condições de fazer qualquer coisa que seja. (P7)

– Tinha dias que eu achava que ia ficar louca, essa situação toda foi gerando um desgaste dentro de mim, que fui parar no psiquiatra, precisei me afastar por uns tempos da escola. (P8)

É possível afirmar que, de um modo geral, os dados obtidos nessas entrevistas confirmam a maior parte das observações e inferências originadas das conversas com as professoras protagonistas.

5

O desamparo docente e discente: redimensionando possibilidades

A análise do conjunto de elementos levantados nesta pesquisa – o diagnóstico psicopedagógico dos dois grupos de alunos (alunos com e sem problemas de aprendizagem); as avaliações desses alunos, realizadas pelos professores protagonistas na fase inicial da pesquisa, quando do encaminhamento das crianças ao diagnóstico; os resultados das entrevistas com os professores protagonistas, quando os resultados do diagnóstico psicopedagógico das crianças lhes foram apresentados e discutidos; e os resultados das entrevistas com os professores coadjuvantes – permite compreender melhor a visão do professor a respeito do que ele denomina "aluno problema" e como essa visão interfere em suas possibilidades de atuação em sala de aula.

Analisando-se inicialmente a forma como os professores avaliam seus alunos, os resultados obtidos mostram que tanto os professores protagonistas quanto os coadjuvantes, nas várias atividades em que foram solicitados a avaliar ou a expressar critérios de avaliação, utilizaram, em sua maioria, uma escala de critérios que segue a seguinte ordem de prioridades: em primeiro lugar, reinam as denominadas "atitudes em sala de aula" (ser disciplinado, acatar a autoridade do professor, não tumultuar, ter independência na realização das tarefas, ser assíduo, fazer a lição com capricho, interessar-se pela aula, não ser disperso e desorganizado); em segundo lugar, também ocupando um posto de destaque, aparecem as questões de ordem emocional ou física (desestruturação familiar, distúrbios da personalidade, carências nutricionais, distúrbios neurológicos, deficiências mentais); e finalmente, em terceiro e último lugar, aparece o nível de produção escolar das crianças.

Constatar que grande parte das queixas e angústias docentes a respeito do desempenho escolar das crianças refere-se à disciplina em sala de aula ou a questões fora do âmbito da atuação docente não é surpresa. Aquino, ao remeter-se a pesquisas realizadas com professores e alunos de diversos graus de ensino, chegou a conclusões bastante semelhantes.

> *Se prestarmos um pouco de atenção no cotidiano prático das escolas e no depoimento dos seus protagonistas, podemos perceber, nitidamente, que grande parte das preocupações, principalmente dos professores, tem muito pouco a ver com o seu ofício exclusivo (...) O que mais se ouve é que os alunos apresentam uma série incontável de dificuldades, que não têm condições de freqüentar determinada série, que faltam os requisitos mínimos para o trabalho escolar, que suas "carências" (ora cognitivas, ora morais ou sociais) são de certa forma intransponíveis; enfim que o perfil e os hábitos da clientela não são compatíveis com os de uma instituição clássica como a escola.*[49]

Em vista desse quadro, cabe perguntar: o que leva o professor a ter uma visão que classifica cerca de metade dos seus alunos como portadora de problemas que inviabilizam sua ação em sala de aula? Por que a tarefa docente transformou-se num desafio quase intransponível, colocando-se tão distante das reais condições docentes? O que leva esses professores a colocar longe de suas mãos qualquer possibilidade de alteração do quadro tão desolador que relatam enfrentar em seu cotidiano de trabalho?

---

49. AQUINO, J. G. *Ética na escola: a diferença que faz diferença*. p. 142.

Para iniciar a discussão dessas questões, vamos nos remeter ao primeiro critério de avaliação escolhido pelos professores: as atitudes em sala de aula.

Conforme apresentado no capítulo 3, os dois grupos de alunos (grupo 1, com dificuldade de aprendizagem, e grupo 2, sem dificuldade) não demonstraram diferenças significativas em relação ao nível de desenvolvimento cognitivo. No entanto, apesar de não haver uma diferença marcante no que diz respeito ao desenvolvimento intelectual e pedagógico, as atitudes dos alunos dos dois grupos durante o diagnóstico foram fundamentalmente diferentes: enquanto os alunos do grupo 2 demonstraram segurança e firmeza para falar a respeito das questões a que foram expostos, a maioria dos alunos do grupo 1 demonstrou receio em *errar e expor-se*, buscando no semblante da pesquisadora (às vezes de forma agoniada) alguma pista, "dica", ou mesmo a permissão para discorrer sobre assuntos a princípio tão triviais, como a quantidade de irmãos que possuíam, a data de seu aniversário ou o que mais gostavam de fazer na escola.

Esta questão não pode passar despercebida, pois nela encontra-se implícito o amálgama que servirá de base para os professores dividirem os alunos entre aqueles que terão sucesso e os que inevitavelmente fracassarão. É como se o destino escolar dessas crianças já estivesse traçado pelos seus professores e, infelizmente, por elas mesmas, de forma inexorável. São julgamentos que se equacionam com elementos simples, diretos e imutáveis: espera-se do bom aluno o êxito e do mau aluno o malogro, e as ações dos sujeitos envolvidos nesse processo são executadas de forma a confirmar a predição inicial, e raramente alterá-la.

> *Muitas vezes constatei depois, com as crianças e também com os homens, que a natureza humana se molda com facilidade segundo os julgamentos de outrem, assim como se dá a réplica no teatro, mas talvez por esta razão mais profunda de que existe uma espécie de direito de mentir para quem nos julga mentirosos, de bater em quem nos julga bruto, e assim por diante. A*

contraprova muitas vezes é bem-sucedida; não costumamos bater em quem está com as mãos no bolso, e não gostamos de enganar a confiança verdadeira. E daí concluo que não devemos julgar apressadamente o caráter, como se decretássemos que um é tolo e o outro preguiçoso para sempre...[50]

É um jogo de cartas marcadas. Sabe-se lá como tudo começa. O fato é que uns não se alfabetizam no tempo esperado, outros preferem brincar a fazer a lição de casa, há aqueles que não agüentam ficar quietos em suas carteiras, um grupo que tumultua o andamento das aulas com suas conversas e gracinhas fora de hora... Quando o professor se dá conta, quase metade de seus alunos apresenta algum tipo de problema que dificulta e até mesmo lhe impede de cumprir sua função, qual seja, conseguir dar aula e fazer com que as crianças aprendam.

Os alunos, por sua vez, rendem-se, provavelmente sem muita resistência, a essa condição de aluno problema, pois são crianças e não possuem recursos suficientes de defesa. Render-se à condição de aluno problema implica não esperar muito da escola, de si e de seus professores: alunos problema não são chamados à lousa, não fazem adequadamente as atividades propostas em classe, não entregam as tarefas em dia, tiram notas baixas no boletim, são os primeiros a serem advertidos pelo professor quando há bagunça na sala de aula, têm cabeça dura e nunca entendem a matéria.

Alunos problema baixam os olhos, timidamente, fazem um ar de muxoxo, partem do princípio de que não sabem nada e não vão conseguir responder às perguntas efetuadas pela pesquisadora. Alunos problema não tentam, não ousam, desistem da partida muito antes de o jogo terminar, colocam-se como perdedores.

Ao avaliarem seus alunos problema, a maioria dos professores ressalta suas deficiências, suas faltas, principalmente aquelas referentes a uma série de atitudes que deveriam ter em

50. CHARTIER, Émile (Alain). *Reflexões sobre a educação*. p. 2.

classe e infelizmente não têm: não executam as tarefas propostas em classe de forma independente, não fazem suas lições com capricho, não prestam atenção na aula, não participam, não dão sua opinião a respeito de um texto lido, são passivos demais e não se interessam pela aula ou são extremamente agitados e tumultuam a classe.

O fato de o professor priorizar as atitudes dos alunos em sala de aula como o elemento-chave de sua avaliação encontra-se estreitamente vinculado à frustração (descrita na maioria das entrevistas docentes) de se planejar uma aula e boa parte da classe aparentar total desinteresse, fazendo com que, o professor fale para as paredes. Não é de se estranhar, então, que, para ser julgado bom aluno por esses professores, é preciso expressar comportamentos em sala de aula que demonstrem, de forma contida e regrada (como se isso fosse fácil ou até mesmo possível num grupo de crianças), interesse e autonomia em relação às atividades desenvolvidas. Qualquer atitude que fuja dessa expectativa docente pode ser vista com receio, significando que alguma coisa não vai bem com aquele aluno. Observar que alguma coisa não vai bem com algum aluno acarreta para o professor não um novo desafio a ser vencido, mas um fardo a mais para ser suportado no seu já tão estressante dia-a-dia profissional.

> *O problema do médico não é o doente, o do advogado não é o seu cliente, o do jornalista não é o seu entrevistado, e assim por diante. Pelo contrário. Essas profissões só existem para dar algum tipo de resposta às demandas de sua clientela... E, por estranho que possa nos parecer, para as outras profissões quanto mais complicado for o caso, maiores parecem ser o regozijo profissional, o prazer de suplantar os obstáculos e o reconhecimento social do trabalho. E para nós professores? O que teria acontecido com essa profissão a ponto de termos invertido certos preceitos mínimos, de ética profissional propriamente? Por que tais "alunos-problema" teriam se transformado em empecilho para o trabalho*

pedagógico, se, por definição, o professor é aquele que deveria, por meio de sua ação, fazer desaparecer esse predicado, convertendo-os em "alunos" tão-somente?[51]

É um jogo cujas regras não estão claras e não foram suficientemente discutidas por nenhum dos participantes, gerando um grande incômodo para todos. O professor deprime-se, pois observa que fala para as paredes; o aluno desiste, pois se sente abandonado num canto qualquer da classe. O professor diz que seus alunos problema não se interessam pela aula; os alunos sabem, a seu modo, que são problemas porque nunca são convidados a participar, ir à lousa, ler em voz alta para os colegas o texto em estudo, resolver uma conta de matemática no quadro negro. O professor espera do aluno um desempenho ideal e frustra-se ao deparar-se com um ser humano cheio de limitações e insuficiências.

É interessante observar que quanto mais os professores ficam perplexos perante seus alunos reais, mais eles idealizam o perfil do estudante perfeito. No entanto, os professores ainda não se deram conta de que esse aluno idealizado, tão autônomo, tão responsável, tão interessado, seria tão potente que talvez não precisasse do professor para quase nada.

O professor frustra-se com suas condições de trabalho, que certamente são adversas, até porque quanto maior é a idealização, o sonho, maior será a irritação e o cansaço causados pela decepção de ter de lidar com as limitações impostas pela realidade. O aluno problema, por sua vez, pressente que não está agradando, que não corresponde às expectativas, que não preenche os "requisitos básicos" para tornar-se um estudante e desiste (é o famoso aluno apático) ou tumultua (o tão conhecido aluno indisciplinado). Todos perdem: o professor, por não conseguir ser um profissional realizado e atingir seus objetivos; o aluno, por ser excluído do mundo da cultura e do saber.

Para não haver exclusão é preciso que não se desista do aluno. Durante a realização do diagnóstico com as crianças do

51. AQUINO, J. G. Op. cit., p. 141.

grupo 1, por exemplo, foi preciso muita insistência para que prosseguissem com as atividades. A primeira reação da maioria desses alunos frente aos desafios propostos era dizer que não sabia, fugir da tarefa, desistir. Foi preciso inserir dentro de situações cotidianas as atividades pedagógicas apresentadas, auxiliá-los na organização de estratégias que dessem conta da solução dos problemas matemáticos, ajudá-los no entendimento das instruções das atividades, etc. Este estímulo foi fundamental para que criassem coragem e prosseguissem até o fim do diagnóstico. Surpreendentemente, todos, sem exceção, ficavam tristes ao final dos encontros, diziam não estar cansados, queriam novos desafios. Acreditar que essas crianças fossem capazes de realizar, mesmo que precariamente, as atividades propostas foi fundamental para que o diagnóstico pudesse ser realizado, em todas as suas etapas.

Analisemos agora o segundo critério escolhido pelos professores para explicar o malogro escolar de seus alunos, isto é, as perturbações de ordem familiar e as doenças físicas e mentais.

Para os docentes que participaram dessa pesquisa, parece haver uma relação direta entre o interesse demonstrado pela família na escolarização do filho e o seu desempenho escolar. Pais que se interessam pela escolarização do filho devem: estar presentes na hora da lição de casa; controlar sistematicamente o desempenho escolar das crianças; estimulá-las para as tarefas e a aprendizagem; participar das reuniões de pais e mestres; aparecer, de vez em quando, na escola para saber como as coisas vão andando com os seus filhos.

As famílias, de um modo geral, são bastante criticadas pelos professores quando procuram compreender o rendimento escolar insuficiente dos seus alunos. Nesse aspecto, é possível observar, novamente, uma cisão entre aquilo que o professor julga ser o exemplo de uma família ideal e os diversos arranjos familiares que existem na atualidade e, especialmente, na realidade social em que atuam. Exigir, por exemplo, como condição de aprendizagem, a presença constante da mãe no processo de escolarização dos filhos implica retirá-la do mercado de trabalho (quando há trabalho), como se isso fosse viável economicamente e aconselhável emocionalmente, e pressupõe que esses pais tenham tido a escolarização necessária para auxiliar seus filhos quando solicitados.

O professor sonha com uma família ideal, ou seja, com pais presentes, preocupados com a educação dos filhos, provedores de suas necessidades básicas, físicas e emocionais. Como o que encontra em sala de aula é muitas vezes uma situação diferente da almejada, assusta-se e fica perplexo com o que vê. De fato, vivemos um momento muito delicado, em que os adultos (e não apenas os das classes populares), quando não foram vencidos pela delinqüência, pelo álcool, pelas drogas ou, principalmente, pela desesperança, estão lutando freneticamente para garantir, mesmo que de forma precária, a integridade física e moral de sua família. Infelizmente não sobra muito tempo para dar atenção aos filhos, para ir a reuniões na escola, para olhar a lição de casa das crianças. Com isso, acaba sobrando para o professor e para a escola muitas tarefas que antes eram da alçada exclusiva da família: regras de convivência social, as "boas maneiras", o respeito ao próximo, a supervisão da lição de casa, etc.

Para o professor poder lidar com esse aumento de demanda, fruto do que ele denomina desestruturação familiar, é preciso primeiramente que aceite a realidade do jeito que ela se apresenta, pois só assim criará condições para interferir nesse contexto, fazendo o que é possível de ser executado dentro dos parâmetros escolares. É viável, por exemplo, o professor repensar a função da lição de casa; criar dentro da sala de aula um clima de trabalho onde todos possam se respeitar e aprender a conviver socialmente, contribuindo, assim, para o desenvolvimento da autonomia moral dos alunos; colocar-se como um modelo de adulto respeitável que as crianças queiram seguir; ser referência para que os alunos possam contar com ele em suas dúvidas, não só a respeito dos conteúdos escolares ministrados, mas também em relação aos inúmeros temas pungentes em nossa sociedade (intitulados temas transversais), ajudando-os na construção da noção de cidadania; responsabilizar-se, enfim, junto com os seus alunos, pelo processo de aprendizagem.

No entanto, quando o professor crê que a condição para a aprendizagem dos seus alunos encontra-se na solução de questões familiares tão complexas – casais que se separam, adultos alcoólicos, pais analfabetos ou que se ausentam do lar para trabalhar por doze horas por dia e não podem ajudar na lição de casa –, é inevitável que fique deprimido e desesperançado. Acreditando não ser possível fazer nada pelo aluno cuja família não fornece o necessário apoio, o professor retira-se de cena. Desistindo, deixa de ser uma referência importante, tornando-se assim mais um adulto com quem essas crianças não poderão contar. O professor simplesmente não percebe a importância que pode assumir na vida e no desenvolvimento dos seus alunos.

Gusdorf, ao discorrer sobre a função do professor primário, adverte para o fundamental papel que assume esse profissional nos primeiros anos da vida escolar das crianças.

> *É assim que freqüentemente o professor primário intervém, no início da vida, substituindo o pai e a mãe na função principal de testemunho e indicador da Verdade, do Bem e do Belo. Cabe-lhe servir de refúgio a todas as esperanças traídas: sobre ele repousam a ordem do mundo e a ordem no homem. Digno ou indigno, queira ele ou não, o professor primário, no mais modesto escalão do ensino, desfruta de uma autoridade espiritual que nenhum dos que lhe sucederão no cumprimento da função educativa junto da criança ou do adolescente irá possuir.*[52]

É interessante ressaltar que na fase de diagnóstico foi observado que muitas das crianças do grupo grupo 1 demonstraram, em relação às do grupo 2, maior dificuldade para falar sobre o universo familiar e a relação que os pais estabelecem com os seus estudos. Desse modo, é provável que os professo-

52. GUSDORF, G. *Professores para quê? Para uma pedagogia da pedagogia*. p. 2.

res tenham razão quando se queixam da ausência de cuidados, por parte das famílias, em relação à escolarização das crianças. No entanto, o que se quer discutir não é se a observação do professor sobre as famílias de seus alunos é verdadeira ou se é fruto de uma visão preconceituosa e portanto falsa. O que está em questão é como o professor lida com essa situação desconfortável que enfrenta, diariamente, em classe, longe do contexto por ele idealizado. O fato é que o aluno que ele tem para ensinar possui determinadas características e é filho desses pais que ele censura, e contra isso, há pouco ou quase nada que ele possa fazer.

Por outro lado, na entrevista com as crianças, principalmente as do grupo 1, foi possível observar claramente o quanto o espaço escolar é importante para elas e o quanto elas desejam ser aceitas pelos seus professores. O que os professores precisam compreender é que ao se retirarem de cena, porque os pais não cumpriram sua função, estão eles também contribuindo para largar essas crianças à própria sorte. Quanto mais desestruturada for a família, mais o professor precisaria colocar-se como um modelo de adulto a ser seguido, não para adotar seus alunos, mas para, mediante um processo de ensino-aprendizagem encaminhado de forma vigorosa e desafiadora, auxiliá-los a crescer moral e intelectualmente.

> *Não acredito que a criança possa se educar sem admiração e sem veneração; é nisso que ela é criança.*[53]

Já a maneira como os professores utilizam as doenças físicas e mentais como fatores explicativos do baixo rendimento escolar de seus alunos demonstra, ainda, a grande influência advinda do enfoque orgânico que orientou médicos, educadores e terapeutas na definição dos problemas de aprendizagem a partir do início deste século no Brasil e que foi bastante reforçada na década de 60 com a introdução da abordagem psiconeurológica do desenvolvimento. A tendência exacerbada de utilização da

53. CHARTIER, Émile (Alain). Op. cit., p. 13.

explicação organicista observada nesta pesquisa é reafirmada por inúmeros outros trabalhos que procuraram esmiuçar as origens do fracasso escolar no Brasil (vide capítulo 1).

Cabem algumas reflexões sobre o porquê de esse tipo de enfoque ganhar tanta força na justificativa docente da não-aprendizagem. A doença apazigua o conturbado universo de soluções buscadas pelo professor ao procurar entender as mazelas que enfrenta em sala de aula. Contra a doença não há nada que ele possa fazer (a não ser lamentá-la). A doença fala por si só, impõe-se, impossibilita, restringe. A doença tranqüiliza o professor, pois traz consigo a explicação, o motivo: a "descalculia" impede que o garoto lide com os números; a "dislexia" produz o analfabeto; a "hiperatividade" não deixa a criança parar quieta na cadeira, impede que se organize; os "distúrbios de atenção" geram os alunos desligados. São inúmeras as patologias que podem ser utilizadas para explicar de forma definitiva e contundente o fracasso escolar.

Mais uma vez é colocada para fora dos muros da escola a responsabilidade e, o que é pior, a possibilidade de se fazer algo pelos alunos que não obtêm êxito no seu processo de aprendizagem. Sem saber, o professor cria uma armadilha para si mesmo, invalida suas perspectivas de ação, coloca-se à mercê de outros profissionais, pois o "caso" foge de suas mãos para os consultórios do neurologista, da fonoaudióloga, da psicóloga.

Não estamos querendo dizer com isso que não haja doenças que necessitem do cuidado dos especialistas. No entanto, quando se acredita que cerca de 50% das crianças são acometidas por disfunções físicas ou mentais que lhes impedem de escolarizar-se adequadamente, algum grave mal-entendido está ocorrendo.

Nas entrevistas com os professores (protagonistas e coadjuvantes), foi possível observar que quanto mais eles se deprimem e desprestigiam o seu trabalho, mais cultuam, de forma exagerada, a figura desse "ser tão especial" que é o profissional da saúde física ou mental. A esses profissionais é delegado o poder de ir além, de desvendar, de descobrir os mistérios recônditos da mente que explicariam, de modo definitivo, o que acontece com os alunos problema. Justificam sua paralisia em sala de aula por não possuírem formação que lhes permita ter conhecimentos apurados a respeito do funcionamento físico ou psicológico do aparelho mental humano. Como se esses conhecimentos, de fato, fossem benéficos e necessários para que os professores pudessem interferir, adequadamente, no processo de escolarização de seus alunos. Como bem afirmou La Taille, esse ideal de transparência que tem invadido a escola é fruto da pedagogia moderna que individualiza o ensino

> *... procurando baseá-lo na motivação do aluno e julgando que "algo vai mal", seja com o aluno, seja com o professor, quando este último fracassa em fazer seus pupilos se aproximarem da matéria. Então o professor deve rever suas atitudes, e o aluno é submetido a uma bateria de testes e técnicas que visam debelar suas repressões mais recônditas.*[54]

O professor que só consegue enxergar no aluno a falta – a dificuldade, aquilo que ele não sabe e deveria saber – faz o mesmo consigo próprio. Quanto mais ineficaz é o seu trabalho, mais distante de si coloca as condições necessárias para poder realizá-lo de uma maneira mais adequada. Assim, confunde-se, atrapalha-se, desvia-se da busca pelos recursos pedagógicos que lhe permitam desempenhar de modo mais eficaz sua atividade profissional. Não é certamente a ausência de conhecimentos neurológicos, psicanalíticos ou fonoaudiológicos, como foi citado por alguns docentes, que lhes impede a realização de um bom trabalho em sala de aula.

Finalmente, vejamos a questão do nível de produção escolar, critério de avaliação de desempenho pedagógico que foi sistematicamente colocado em terceiro plano pela maioria dos professores envolvidos nas diversas etapas desta pesquisa.

---

54. LA TAILLE, Y. de. *A construção da fronteira da intimidade: a humilhação e a vergonha na educação moral*. p. 69.

Nas avaliações realizadas pelos professores protagonistas para encaminhamento dos alunos ao diagnóstico psicopedagógico, observa-se que quando há referências a questões de cunho pedagógico, essas são feitas de modo bastante difuso e genérico. Nesses casos, as questões relativas ao manuseio da Língua Portuguesa lideraram a lista de queixas dos professores, seguidas pelas dificuldades na área de Matemática.

Em relação à Língua Portuguesa, os professores, quando avaliam o desempenho dos seus alunos, expressam dois tipos de observações predominantes: a primeira, e mais recorrente, refere-se à aquisição do código alfabético, à capacidade do aluno em decodificar e reproduzir, adequadamente, as palavras escritas (trata-se de avaliar se o aluno aprendeu a ler e a escrever, no sentido mais estrito do termo); a segunda, mais rara, dirige-se aos alunos que já superaram a primeira fase e refere-se a uma genérica capacidade de posicionar-se criticamente em relação ao que foi lido ou escrito. Em relação à Matemática, as observações docentes são mais abrangentes e confusas: fala-se da falta de raciocínio da criança, mas não há uma contextualização objetiva de como essa "ausência de raciocínio atrapalha"; menciona-se uma dificuldade em relação aos cálculos, mas não se tem claro se a falha de compreensão encontra-se no entendimento da técnica (algoritmo) ou no entendimento das regras geradoras do sistema numérico.

Essa dificuldade do professor em perceber mais objetivamente as questões pertinentes ao desempenho pedagógico das crianças diminui suas possibilidades de auxiliá-las de modo adequado, impedindo uma intervenção mais eficaz de sua parte no processo de aprendizagem de todos os seus alunos e não somente daqueles que apresentam algum tipo de problema.

Na avaliação pedagógica realizada na pesquisa transparece, de forma contundente, a confusão, a desinformação, a falta de conhecimento que inúmeras vezes os professores demonstram possuir a respeito das características inerentes à aprendizagem dos diversos conteúdos aos quais os alunos são expostos ao longo de sua escolarização. Como não há clareza por parte do professor sobre o que ele deve esperar do desempenho pedagógico do seu aluno, a avaliação por ele realizada gera uma série de mal-entendidos. Como demonstram os dados apresentados no capítulo 3, algumas crianças avaliadas pelos seus professores como possuidoras de "um bom raciocínio" viram-se em apuros ao serem desafiadas a resolver uma conta simples, abrindo mão do algoritmo e utilizando o cálculo mental. Outras, apresentadas como possuidoras de um desempenho adequado em Língua Portuguesa, elaboraram histórias pobres, confusas, sem coesão textual, pautadas concretamente na descrição literal da seqüência lógica apresentada. Já no outro grupo, alguns dos alunos apresentados como portadores de raciocínio deficitário demonstraram uma boa agilidade no cálculo mental, apesar de não dominarem a técnica da conta armada. Com isso, não estamos querendo dizer que a avaliação pedagógica feita pelo professor é improcedente. Esse aluno problema que demonstrou ter um bom raciocínio matemático em nosso diagnóstico, analisado mediante os instrumentos precários e parciais (no sentido de se poder enxergar somente uma parte) que o professor tem à sua disposição, faz jus à sua denominação de aluno problema, pois se o conhecimento matemático na 3ª série do ensino fundamental 1 é concebido, tacanhamente, apenas pela expressão da habilidade da criança em dominar de forma mecânica a técnica das quatro operações, os alunos que não conseguem pôr no papel as contas resolvidas de cabeça tornam-se realmente um problema dentro da sala de aula.

O professor tem razão, desse modo, ao julgar como mau aluno a criança que não consegue registrar o seu raciocínio ao resolver uma conta, ao solucionar um problema. É também esperado que considere como bons alunos aqueles que não demonstram dificuldade de reproduzir, mesmo que mecanicamente, aquilo que se imaginou ter ensinado a eles. A falha não está na avaliação do professor, mas sim na maneira como ele concebe o que é avaliar e nos instrumentos que tem à sua disposição para poder realizar o seu julgamento.

A avaliação está ligada diretamente aos objetivos de ensino, são eles que a governam. Só é possível avaliar quando temos em mente os caminhos que desejamos percorrer, os objetivos que queremos alcançar. Se esses caminhos e metas são inexistentes, equivocados ou extremamente difusos, não há como realizar a avaliação, pois não se sabe como e onde se deseja chegar.

> *... os objetivos que orientam a ação pedagógica constituem um marco de referência imprescindível para a avaliação, não no sentido de que se espera uma correspondência estrita entre as condutas observáveis na criança e as pautas previamente estabelecidas, mas sim no sentido de que os objetivos gerais perseguidos permitem estabelecer os critérios que guiarão a avaliação.*[55]

A avaliação deve ser um momento em que o ensino é revisto, com o objetivo da reorientação da aprendizagem. Pois é na avaliação que se verifica como estão ocorrendo as interações educativas que dão origem ao processo pedagógico vivido na sala de aula. O que se avalia, simultaneamente, são os professores, os alunos e os métodos utilizados para que a aprendizagem aconteça.

Como bem salientaram Lerner de Zunino e Palácios de Pizani,

> *... é preciso recontextualizar a avaliação dentro do processo pedagógico, convertê-la num instrumento de reflexão sobre o sistema de interações envolvidas em tal processo, orientá-la para a compreensão das razões pelas quais a ação didática produz determinados efeitos em certos casos e não em outros, situá-la como um elemento constituinte do processo educativo e capaz de explicar os resultados obtidos em função das oportunidades de aprendizagem que são oferecidas (ou não) às crianças. Só assim será possível fazer da avaliação*

55. LERNER DE ZUNINO, D.& PALÁCIOS DE PIZANI, A. A *aprendizagem da língua escrita na escola: reflexões sobre a proposta pedagógica construtivista*. p. 68.

um instrumento científico e superar a injustiça implícita numa concepção que assinala a criança como a única responsável por seus êxitos e, sobretudo, como única culpada por seus fracassos.[56]

A avaliação precisa ser, ao mesmo tempo, geral e específica. Geral, pois procura verificar se ocorreram algumas aprendizagens indispensáveis propostas para um determinado período. Específica, pois esses objetivos mais amplos necessitam ser comparados às metas planejadas para aquela classe e aos conhecimentos prévios que os alunos possuíam no começo da aprendizagem.

Por outro lado, é importante que os conteúdos escolares selecionados para uma determinada série sejam concebidos, como bem advertiu Machado,

> *... como veículos através dos quais transportamos as idéias fundamentais de cada tema: não são fins em si mesmos. Seu caráter freqüentemente fragmentário só revela plenamente o valor das idéias envolvidas quando são estabelecidas relações consistentes com outros temas, com outras disciplinas. Assim, para uma avaliação minimamente criteriosa, é fundamental certa preocupação com a totalidade dos aspectos envolvidos, com as múltiplas faces e características do ser humano que se avalia, enfim, com a necessária consideração da interdisciplinaridade no processo de avaliação.*[57]

A avaliação, desse modo, deve estar extremamente ligada aos projetos de ensino, pois são eles que materializam os objetivos e as estratégias educacionais que orientam a ação pedagógica, que integram os diferentes conteúdos. A visão de projetos de ensino na qual estamos nos pautando é aquela ela-

---

56. LERNER DE ZUNINO, D. & PALÁCIOS DE PIZANI, A. Op. cit, p. 65.

57. MACHADO, N. J. *Matemática e educação: alegorias, tecnologias e temas afins*. p. 76.

borada por Hernandez e Ventura[58], segundo a qual o projeto de ensino deve originar-se de um tema ou questão discutidos com o grupo-classe, iniciando-se com um processo de investigação a partir do qual selecionam-se as fontes de informação que serão utilizadas, estabelecem-se critérios de manuseio das fontes escolhidas, reorganizam-se novas dúvidas e perguntas, estabelecem-se relações com outros problemas, recapitula-se o que foi aprendido (e a avaliação é uma excelente maneira de se realizar esta recapitulação) e finaliza-se fazendo novas ligações com temas que emergiram ao longo desse processo.

Nessa concepção, os projetos de ensino podem propiciar as seguintes situações dentro da sala de aula:

- conhecimento da identidade dos alunos, favorecendo a construção da subjetividade, distante de um prisma paternalista, genérico ou psicologizado;
- formatação de um currículo que não seja uma representação fragmentária do conhecimento e alienado dos problemas reais dos alunos;
- realização de uma avaliação que cumpra com o objetivo de reorientar a aprendizagem, mediante revisão do que já foi elaborado, das metas que foram atingidas e do que ainda é necessário fazer;
- compreensão das constantes transformações sociais a que os diversos saberes estão submetidos;
- contenção da enorme produção de informação, característica de nossa sociedade atual, e a mediação crítica com esse fenômeno.

Os projetos de ensino podem contribuir para que a avaliação passe a ser concebida como componente de um empreendimento maior, que tem mais a ver com o ensino do que com a sanção àqueles que não aprendem. Deixa assim de ter como único objetivo a aprovação ou reprovação, não se convertendo num instrumento punitivo que coloca a criança como a única

58. HERNANDEZ, F. & VENTURA, M. *A organização do currículo por projetos de trabalho: o conhecimento é um caleidoscópio.*

culpada pelos seus fracassos. A avaliação vista de um ângulo mais abrangente e menos coercitivo garante a oportunidade de se verificar o grau de êxito ou malogro dos objetivos que deram origem ao processo de ensino e aprendizagem. Em vez de ser um conjunto de técnicas dirigidas à obtenção de uma informação "imparcial" sobre o desempenho dos alunos, torna-se um instrumento de controle do processo educacional como um todo.

Essa concepção da avaliação como um instrumento punitivo foi expressa, por exemplo, quando os professores – protagonistas e coadjuvantes – queixaram-se da ausência de reprovação no ciclo básico, o que contribuiria para a quebra da autoridade do professor. É como se a autoridade docente só se manifestasse dessa forma: aprovando ou reprovando alunos. Se a autoridade docente não é vista como resultado de um processo construído diariamente, por meio da relação que o professor estabelece com os seus alunos, mediada pelos objetivos constitutivos de um projeto maior a ser realizado conjuntamente, fica evidente que o tão almejado respeito que o professor deseja que seus alunos tenham por ele seja transformado, infelizmente, num instrumento coercitivo e ameaçador que decide, arbitrária e ineficazmente, a vida escolar de tantas crianças.

Se o professor não compreende o seu papel em sala de aula, se não há um projeto que abarque e esclareça seus objetivos de ensino, retirar-lhe a possibilidade de decidir sobre quem vai ser aprovado pode, sem sombra de dúvida, causar-lhe a sensação de que não tem mais função dentro de classe.

No decorrer do diagnóstico psicopedagógico, pudemos observar que a imagem que os alunos problema têm de si mesmos corresponde exatamente à avaliação que os professores fazem deles. Como já foi ressaltado em outros momentos desse trabalho, a maior diferença entre os alunos do grupo 1 e os do grupo 2 focalizou-se na maneira de portar-se e lidar com os desafios propostos durante o diagnóstico. Os alunos do grupo 2 demonstravam, em sua maioria, segurança e desenvoltura ao fazer comentários referentes à sua vida pessoal e familiar, não mudavam tão facilmente de idéia quando questionados sobre suas respostas nas provas operatórias e, mesmo que tivessem algum tipo de dificuldade nas questões de Língua Portuguesa ou de Matemática, não desistiam, não se sentiam envergonhados de pedir ajuda, de dizer que não entenderam, de tentar resolver a seu modo, mesmo que esse modo fosse mera repetição irrefletida de técnicas aprendidas na escola. Já os alunos do grupo 1 precisavam ser incentivados para prosseguir na avaliação, tendo sido necessário, em muitos casos, dizer que podiam, explicar com calma as instruções das atividades, repeti-las mais de uma vez, ajudá-los a organizar seu pensamento, a registrar suas estratégias, enfim, mostrar com ações concretas que se acreditava na capacidade deles de resolverem, respeitando suas condições, os desafios propostos pelo processo diagnóstico.

É interessante observar que alunos problema fazem freqüentemente uma cisão entre os conhecimentos que adquirem em seu dia-a-dia e os que aprendem na escola. Esquecem, por exemplo, que a "cabeça" que opera tão bem no uso de dinheiro, ao jogar bolinha de gude, ao contar as figurinhas subtraídas ou adquiridas no jogo de abafo é a mesma que tem de resolver os algoritmos apresentados nas atividades de sala de aula. Carraher e Schliemann[59] discutem de forma aprofundada a cisão entre os conhecimentos espontâneos que as crianças das camadas populares levam como bagagem para a escola e os conhecimentos formais com que entram em contato na sala de aula.

Nesta questão reside outra diferença marcante observada entre os alunos do grupo 1 e do grupo 2. Durante o diagnóstico das crianças do grupo 1, foi preciso colocar dentro de um contexto cotidiano a maioria dos problemas propostos, desvinculando-os do seu caráter mais escolar e formal. A dificuldade maior dessas crianças parece residir na formalização e registro de determinados conteúdos trabalhados na escola, dificuldade que poderia ser revertida com intervenções dentro da própria sala de aula. Os projetos de ensino, por exemplo, ao englobarem temas negociados com o grupo-classe e ao partirem

59. CARRAHER & SCHLIEMANN. *Na vida dez, na escola zero.*

do que o aluno já sabe sobre um assunto, têm uma maior chance de desenvolver os conteúdos escolares inseridos em um contexto mais próximo e portanto mais significativo para as crianças.

A DEVOLUTIVA DO DIAGNÓSTICO E O RENASCER DA ESPERANÇA DOCENTE

No diagnóstico dos alunos do grupo 1 não foram observadas (com raras exceções) dificuldades cognitivas tão graves que impedissem um desempenho escolar adequado. Na minha opinião, a maioria dessas crianças, respeitando suas características individuais, estava apta para se escolarizar normalmente. E dizer isso aos professores foi muito importante.

No início das entrevistas com as professoras protagonistas, foi possível observar que elas atribuíram também a mim o privilegiado papel que designam aos profissionais da saúde de um modo geral, pois finalmente alguém iria lhes esclarecer o que acontecia com seus alunos problema. Esse respeito pelo meu diagnóstico foi importante para que houvesse uma reflexão sincera, por parte delas, acerca dos dados apresentados. No entanto, as professoras esperavam que a minha avaliação fosse reafirmar suas suspeitas em relação aos alunos encaminhados: meu diagnóstico deveria explicar cientificamente aquilo que elas já intuíam sobre essas crianças.

Ao ouvirem os relatos do diagnóstico, as professoras ficaram a princípio perturbadas e demoraram para entender o que estava sendo lido. Pegavam o papel onde eu havia registrado os dados dos alunos, verificavam os nomes das crianças, perguntavam se não estava havendo alguma confusão, procuravam justificar sua avaliação, ora usando argumentos de ordem emocional e familiar (que realmente aquela avaliação não tinha abordado), ora dizendo que não era bem aquilo que quiseram expressar sobre os alunos ao encaminhá-los para o diagnóstico.

Por um lado, pode-se dizer que essa primeira reação das professoras é saudável, pois por mais que elas respeitassem meu trabalho, seria muito complicado aceitar passivamente as questões que estavam sendo colocadas pelo diagnóstico que eu havia realizado. Por outro lado, porém, essa resistência em ouvir e compreender o que os dados do diagnóstico apontavam reafirma a hipótese de que essas professoras só conseguem olhar para seus alunos por um único ângulo. A partir do instante que o diagnóstico psicopedagógico abre a possibilidade para outros olhares, ele cria um profundo mal-estar e incômodo. O objetivo ao planejar as entrevistas foi exatamente este: criar uma situação onde a visão que o professor possui sobre os inúmeros percalços a que estão submetidos seus alunos pudesse aflorar dentro de um contexto real e concreto. Os dados obtidos no diagnóstico contribuíram para provocar um desequilíbrio em determinadas certezas que as professoras tinham a respeito dos seus alunos problema.

Mudar posições em que acreditamos piamente é muito difícil. Todo novo conhecimento gera angústia e ansiedade. Com esses professores não foi diferente. A primeira tendência foi de negar o novo conhecimento, rechaçá-lo para não se sentir aniquilado por ele, querer permanecer na situação anterior a qualquer custo. Houve uma propensão, por parte do professor, a colocar-se como vítima de um contexto sobre o qual não tem o menor controle e, portanto, a menor responsabilidade.

No entanto, como pudemos observar, o dia-a-dia do professor em sala de aula tem lhe causado muitos incômodos. Não é confortável perceber que metade dos seus alunos não corresponde aos seus anseios, não se interessa pelas aulas que planeja, não aprende os conteúdos ensinados. Todo adulto que exerce algum tipo de profissão, por mais simples que possa ser sua tarefa, orgulha-se ao sentir que é capaz de realizá-la de forma bem-feita. Não é à toa que as professoras que participaram dessa pesquisa mostraram-se tão desanimadas e deprimidas em relação à atuação docente. Passar de quatro a cinco horas por dia com a impressão de que se fala para as paredes e de que não se tem conseguido atingir suas metas está levando o professor ao fracasso juntamente com seus alunos problema. Os alunos renunciam ou fingem aprender. O professor, por sua vez, desiste ou simula ensinar. A escola, desse modo, pode vir a tornar-se um jogo de faz-de-conta.

Intervir nessa situação, mudar as regras desse jogo, reverter índices de reprovação alarmantes têm mobilizado o esforço de inúmeros pesquisadores e profissionais que atuam na área de educação, comprometidos com um ensino de qualidade que atinja as diversas camadas da população. A questão do fracasso escolar no Brasil, para ser compreendida e, portanto, alterada, não pode ser somente analisada por um ângulo técnico, sua solução não se encontra, como bem ressaltou Fonseca, apenas em transformações de cunho didático.

> *Esse tipo de questão não permite uma abordagem exclusivamente técnica, como se a resposta residisse em um conjunto de medidas didáticas. Ela não decorre necessariamente de uma visão estritamente pedagógica, ou mesmo psicológica, da criança ou do processo de aprendizagem. Por trás dela há um compromisso de política educacional que a anima: o ideal de que todos os cidadãos tenham direito de acesso e permanência na escola fundamental. (...) Sem a clara compreensão desse valor que deve animar as práticas educacionais, não há medida política ou estratégia pedagógica capaz de concretizar os oito anos de escolaridade fundamental para todas as crianças no Brasil.*[60]

Mesmo sabendo das limitações impostas por uma política educacional que muitas vezes não tem dado a devida importância para uma questão tão séria como a do malogro da aprendizagem de milhares de crianças que iniciam o seu processo de escolarização, algumas considerações de caráter pedagógico que auxiliem a recuperação da auto-estima docente e do desejo de ensinar podem começar a ser implementadas no dia-a-dia da escola, contribuindo para uma melhoria da qualidade do ensino oferecido pela escola pública.

60. FONSECA, J. S. A *noção do erro e fracasso no contexto escolar: algumas considerações preliminares*. p. 23-4.

É importante propiciar, dentro das escolas, situações em que o professor tenha a oportunidade de refletir a respeito de sua atividade dentro da sala de aula. Reuniões pedagógicas com seus pares, grupos de estudo, leituras de publicações significativas da área, troca de experiências bem-sucedidas são alguns exemplos de situações que podem levar o professor a uma maior reflexão e aprofundamento de sua prática profissional.

O que precisa ser recuperado é o compromisso do professor com sua atividade profissional. Estar comprometido com a tarefa é o primeiro passo para realizá-la bem. Será esse comprometimento que o impulsionará na busca de apoio para implementar e melhorar sua intervenção em classe, evitando que jogue para fora dos muros da escola as possibilidades de mudança. Mantovanini[61] , discutindo a relação entre o compromisso profissional e uma atuação mais adequada em sala de aula, verifica que os professores que obtêm um maior êxito em sua ação docente são aqueles que possuem maior consciência a respeito do seu papel e função profissional. Será esse comprometimento profissional que impulsionará o professor na busca de referências teóricas que sustentem e esclareçam os seus objetivos em sala de aula.

Compromisso profissional e recuperação de auto-estima podem ser fundamentais para o início de algumas transformações importantes na escola. Da mesma forma que é preciso mostrar ao aluno problema a sua capacidade de aprender, esta pesquisa também apontou para a necessidade de auxiliar o professor a recuperar o crédito em sua condição de ensinar, condição essa que ele tem sentido cada vez mais ameaçada. Por trás do discurso docente sobre as inúmeras faltas e incompetência diversas dos seus alunos, esconde-se o medo de aniquilação de sua capacidade de exercer a profissão.

Mostrar, como foi feito com a leitura dos diagnósticos das crianças, que muitos dos alunos que eles julgavam ser um caso

61. MANTOVANINI, M. C. L. *A psicologia da educação no cotidiano do professor pré-escolar.*

perdido têm condições cognitivas para se escolarizar normalmente recuperou, pelo menos naquele momento, a potência do professor. A partir do instante em que puderam ouvir e acreditar na capacidade intelectual daquelas crianças, os professores passaram a se colocar como agentes do processo, voltaram à cena, pensaram em propostas concretas de auxílio e intervenção que pudessem ser desenvolvidas em classe. Chama a atenção o fato de todos os *alunos problema* que tiveram o seu diagnóstico relatado para as professoras terem sido aprovados no final do ano. Na medida em que as professoras acreditaram na capacidade de aprendizagem daquelas crianças, tiveram a possibilidade de acreditar também em suas condições de ensiná-las.

Como intuía desde o início desta pesquisa, o olhar viciado, parcial e estrábico do professor em relação aos seus *alunos problema* paralisa, aniquila e tira a potência da atuação docente na mesma intensidade com que escolhe suas milhares de vítimas. Urge, então, pensar em projetos que incluam situações didáticas que não somente propiciem o desenvolvimento intelectual dos alunos, mas que estejam também preocupadas com a recuperação da estima do professor e do seu compromisso com o ensino. Projetos que sejam possíveis de ser implementados dentro das reais condições de trabalho oferecidas pela escola pública, no atual momento. Projetos que acreditem na capacidade e autonomia do professor para decidir as melhores formas de encaminhá-los com o seu grupo-classe. Projetos que ajudem o professor a crer na sua competência de ensinar aos alunos que tem em sala de aula, respeitando suas limitações e reais condições de vida. Projetos que possibilitem que o professor faça uma mediação entre a escola sonhada e a escola possível e real. Projetos que possibilitem a professores e alunos recuperarem o prazer do encontro, cujo conhecimento, como bem ressaltou Gusdorf, às vezes é mero pretexto.

> *Se procurarmos buscar em nossa memória o que ela, de fato, conservou das lembranças relativas às inúmeras linhagens de professores que contribuíram para a nossa educação, verificaremos que alguns se apagaram sem*

> *deixar nenhum rastro e, em meio àqueles cuja imagem subsiste, nem todos têm a mesma sorte. Lembro-me de um ou outro professor que me ensinou matemática ou inglês. Na verdade, não me lembro. Sobrou-me um pouco de inglês, um pouco de matemática e a imagem esbatida de um rosto, o perfil de um homem bom que exercia honestamente sua profissão. Outros deixaram uma lembrança mais viva: já esqueci quase todo o conteúdo das aulas de história, francês ou latim. Mas ainda vejo certos gestos, certas atitudes, ainda ouço tal palavra, relativa ou não à aula, mas que faz refletir; ficou-me o peso de uma zanga ou de uma indignação memorável. Enfim, alguns ainda vivos e presentes em mim: a personalidade deles marcou-me porque discutimos, nos enfrentamos, nos estimamos e, sem dúvida, secretamente nos amamos (...) O saber fornece a oportunidade ou o pretexto do encontro. Era uma espécie de jogo escolar, cujas regras eram respeitadas mas não enganavam ninguém. Uma espécie de convivência mais ou menos reconhecida ligava o professor e a classe. Cada nova lição dava lugar a um debate onde esperávamos, sempre esperávamos, coisa melhor do que a que figurava na ordem do dia. Escutávamos o professor, mas através dele era o mestre que espreitávamos.*[62]

Ao nosso ver, projetos que tenham como preocupação a melhoria da qualidade de ensino e que pretendam ser eficientes precisam propiciar situações para que o professor consiga procurar dentro de si, nas suas memórias de infância, nos seus sonhos ao escolher a profissão, nas suas esperanças, ou mesmo em suas tão propagadas desilusões, este antigo e sábio mestre, que se respeita e se faz respeitar, pois conhece a dimensão e a importância de sua tarefa. Só assim será possível criar caminhos mais efetivos para uma melhor intervenção dentro de sala

62. GUSDORF, G. Op. cit. p. 34.

de aula, tornando o trabalho do professor mais eficaz e, quem sabe, diminuindo a alarmante estatística referente às crianças que não têm êxito no seu processo de aprendizagem.

6

Conclusões

Neste trabalho procurou-se compreender a visão do professor a respeito do que ele denomina *dificuldade de aprendizagem* e *aluno problema*, com vistas a tornar mais claro como esta visão interfere no problema do malogro escolar no ensino fundamental 1.

Para isso, foram formados dois grupos de doze alunos, pertencentes a quatro classes da terceira série do ensino fundamental 1 de uma escola pública da cidade de São Paulo: o grupo 1, composto por crianças com problemas de aprendizagem ou *alunos problema*; e o grupo 2, de crianças sem problemas de aprendizagem ou *bons alunos*. A responsabilidade pela colocação das crianças nos grupos foi dos quatro professores participantes da pesquisa (denominados professores protagonistas), que tiveram completa liberdade para escolher, entre seus alunos, aqueles que apresentavam maiores problemas de aprendizagem e participariam do grupo 1 e aqueles que se destacavam pelo bom desempenho escolar e participariam do grupo 2. Aos professores foi solicitado apenas que expressassem por escrito os critérios utilizados para classificação dos alunos.

Com os 24 alunos foram realizados diagnósticos psicopedagógicos que não constataram, do ponto de vista do desenvolvimento cognitivo, diferenças significativas entre as crianças colocadas no grupo 1 e no grupo 2. Foi constatada, no entanto, uma diferença marcante entre os dois grupos quanto à maneira de as crianças comportarem-se perante os desafios propostos ao longo do processo diagnóstico. *Alunos problema* (grupo 1) partem do princípio de que são incapazes, que não sabem nada, não ousam, não tentam, desistem. Rendem-se à condição de aluno problema e assumem integralmente o julgamento dos seus professores a respeito do seu desempenho e suas atitudes em classe, reforçando a visão docente sobre suas minguadas condições escolares. Mesmo quando não possuem nenhum grau de comprometimento cognitivo, demonstram uma relação muito ruim e deteriorada com o ato de aprender, manifestada geralmente por uma atitude de pouco caso e ojeriza a tudo o que se refere à aprendizagem escolar.

Os *alunos problema* não se adaptam às regras e modelos impingidos pela educação formalizada. Não conseguem compreender seus paradigmas e transformá-los em novos conhecimentos. São arrastados, perversamente, a uma sucessão de fracassos que os distanciam cada vez mais do desejo de saber, do conhecimento.

Como os professores vêem esses seus alunos? Quais foram os critérios utilizados para classificar as crianças no grupo 1, grupo com rendimento insatisfatório em sala de aula? O critério mais importante, que aparece em primeiro lugar, diz respeito a atitudes do aluno em classe; em segundo lugar aparecem os problemas de ordem emocional e física; e, finalmente, só após todos esses é que surge o nível de produção escolar.

As atitudes em classe são muito valorizadas, pois os professores observam que tem sido cada vez mais difícil despertar o interesse dos seus alunos pelas aulas. Sentem-se solitários, passam horas falando para as paredes, estão perdidos em relação à sua função, já não sabem o que fazer e o que esperar ao entrar em uma sala de aula. O bom aluno para os professores deve ser interessado, porém autônomo, independente e disciplinado. Não lhe causando transtornos, não sobrecarrega ainda mais seu tumultuado cotidiano profissional. Já os alunos com *problemas de aprendizagem* têm posturas que desagradam os professores: são apáticos ou agitados, não resolvem sozinhos as tarefas propostas, são lentos, ficam num canto isolados, não participam da aula, demonstram dependência e desinteresse.

Os *alunos problema* têm essas atitudes inadequadas porque assumiram integralmente que são um problema e que não possuem os requisitos mínimos exigidos pela escola para tornarem-se bons estudantes. Ficam isolados num canto porque sabem que nunca são chamados na lousa; não participam da aula, pois não confiam em suas idéias; são indisciplinados porque muitas vezes só lhes sobrou este papel dentro do grupo; não se interessam pela aula porque os temas são abordados de forma pouco significativa e distante de suas vidas, levando-os a crer que nasceram com a *cabeça dura*, cabeça que não é capaz de entender e processar o que é ensinado na escola.

Há um imenso desencontro de expectativas entre professores e *alunos problema* ou um encontro perfeito entre a profecia e a realização.[63]

Os professores acreditam que a origem dessas atitudes inadequadas de muitos dos seus alunos com dificuldades de aprendizagem encontra-se nos problemas emocionais gestados em ambientes familiares desajustados. São pais que não se preocupam com a escolarização dos filhos, não levam a sério as recomendações e encaminhamentos efetuados pelos professores, menosprezam o seu trabalho. Com uma freqüência bastante elevada, os professores buscam também a causa dos distúrbios de aprendizagem nas doenças físicas dos alunos. Num ou noutro caso – problemas emocionais ou físicos – pouco espaço de atuação resta ao professor: não são médicos para tratar dos doentes; não são psicólogos; não têm poder para "consertar" as famílias. Não tendo como mudar situações sobre as quais não possuem o menor domínio, "lavam as mãos" e retiram-se de cena. Acreditando que não há mais nada a ser feito, deixam vazio o lugar do mestre, deixam de se colocar como um modelo a ser seguido, deprimem-se. Ao atribuírem o fracasso de seus alunos a causas de ordem extra-escolar, os professores "amarram" suas próprias mãos. Como intervir pedagogicamente, se o aluno é tomado por distúrbios tão pouco

63. ROSENTAL, R.& JACOB, L. *Profecias auto-realizadoras em sala de aula: as expectativas dos professores como determinantes não intencionais da competência intelectual.*

passíveis de serem tratados em sala de aula? Frente à família desestruturada do seu aluno, aos seus problemas de ordem física e emocional, às vicissitudes de seu contexto sociocultural, sobra muito pouco ou quase nada para ser feito pelo professor. Resta um sentimento de impotência, gerado nesse embate entre as idealizações elaboradas pelo professor a respeito de quais seriam as condições necessárias para que seus objetivos educacionais se efetuassem e o mundo concreto e real, com o qual é obrigado a conviver diariamente em classe.

O fato de o nível de produção escolar aparecer com menor importância dentre os critérios que fazem parte dos julgamentos docentes explica-se provavelmente pela ausência de referenciais mais sólidos que abalizem as avaliações escolares. O professor não sabe o que avaliar nem como fazê-lo. Somente uma compreensão mais profunda a respeito dos seus objetivos educacionais pode levá-lo ao estabelecimento de uma avaliação mais pedagógica e menos "orgânica" ou "psicológica" do desenvolvimento da aprendizagem dos alunos.

Isso aponta para a necessidade urgente da elaboração de projetos de ensino que consigam ajudar o professor a compreender que no processo pedagógico estão presentes três elementos que concorrem, de forma igualitária, para o êxito da aprendizagem: quem ensina, o conteúdo a ser aprendido e o sujeito que aprende. Não cabe exclusivamente ao aluno o peso do fracasso; se ele não aprende adequadamente, alguma coisa também falhou nas outras duas partes da relação. Não que o professor não tenha consciência de suas faltas e não saiba que parte do problema do fracasso da aprendizagem de seus alunos encontra-se em suas mãos: ele sabe e deprime-se, pois se sente incapaz e impotente para sanar essas faltas, já que não dispõe de recursos institucionais para superar essa situação de desamparo profissional. Os Parâmetros Curriculares Nacionais, ao reverem o conteúdo da aprendizagem, podem ser um primeiro passo em direção ao professor, no sentido de ajudá-lo a retomar a confiança e atribuir um real significado à sua tarefa profissional. Mas o trabalho dentro da escola, junto com o corpo docente, de modo sistemático jamais poderá ser substituído por qualquer projeto pedagógico vindo de onde venha, elaborado por quem quer que seja.

Ajudar os profissionais envolvidos com a educação a reconhecer que a aprendizagem escolar é um processo difícil, cheio de percalços e que não comporta causas únicas ou invariáveis, é uma maneira de pôr em xeque idéias preconcebidas que se tornam predominantes a respeito do fracasso escolar e do comportamento que irão desenvolver determinados alunos.

Este trabalho endossa as idéias daqueles[64] que advertem que uma das questões mais importantes a respeito do fracasso escolar relaciona-se a duas variáveis fundamentais do processo pedagógico: o julgamento elaborado pelo professor sobre o rendimento escolar dos seus alunos, em que se encontra implícita a decisão de quem vai ser aprovado e reprovado, e a avaliação da aprendizagem, que, normalmente, é utilizada pelo professor para justificar sua decisão anterior. Urge uma ação de caráter profilático, que privilegie projetos pedagógicos passíveis de serem executados, retirando do professor as tarefas inatingíveis, os objetivos educacionais inalcançáveis, as demandas extremamente complexas e fora de suas possibilidades concretas.

A revisão da avaliação da aprendizagem encontra-se intimamente relacionada à necessidade da construção de projetos de ensino que englobem e incluam não somente um número cada vez maior de alunos, mas que sejam continentes o bastante para trazer de volta para as salas de aula o antigo mestre de que nos falou Gusdorf.[65]

Romper com essa visão distorcida que o professor possui da realidade escolar dos seus alunos é romper não só com preconceitos ou falácias ideológicas oriundas de uma sociedade de classes, mas sim, e principalmente, é possibilitar a esse professor a oportunidade de atuar profissionalmente, não desistin-

---

64. AZANHA, J. M. P. *Educação: temas polêmicos*. MAZANO, J. C. M. & GORDO, N. *A autonomia da escola como contribuição do fracasso escolar.*

65. GUSDORF, G. *Professores para quê? Para uma pedagogia da pedagogia.*

do de ensinar nem tentando o impossível repasse dessa sua tarefa para outros profissionais – médicos, psicólogos, psicopedagogos ou fonoaudiólogos.

É preciso elaborar projetos educacionais que ajudem o professor a desenvolver em sala de aula situações de ensino-aprendizagem significativas e motivadoras, não só para quem aprende, mas também para quem ensina; projetos que não tratem os conteúdos de um modo uniforme, que ajudem o professor a se aproximar dos seus alunos reais, sem tanto medo de falhar e não ser capaz de atendê-los em suas necessidades; projetos que não se rendam a um único e muitas vezes ultrapassado caminho na busca dos objetivos educacionais; projetos que saibam tratar com a diversidade presente numa sala de aula, que façam das diferenças sociais, culturais e cognitivas suas aliadas, e não um impeditivo para o cumprimento da tarefa educacional.

No entanto, para que os projetos educacionais possam ser realmente efetivados, a primeira grande condição é ajudar o professor a acreditar que todos os seus alunos podem aprender, ajudá-lo a recuperar sua potência para ensinar. Pois nenhum projeto, por mais grandioso que seja, poderá ser posto em prática de forma adequada sem o trabalho e o comprometimento do professor, sem sua real participação.

O professor discrimina seus *alunos problema* na mesma proporção e violência em que é, e se sente, discriminado. Coloca o amparo a essas crianças para fora dos muros da escola não somente por um preconceito ideológico, mas porque se sente, de fato, incapaz de ajudá-las. Quanto mais aumentam as fileiras dos fracassados, menos o professor acredita que seu trabalho tenha algum tipo de importância ou condição de alterar a situação. A nossa sociedade desprezou tanto o trabalho docente, que infelizmente muitos professores passaram a acreditar que valem o reduzido salário que ganham e que pouco têm a oferecer aos seus alunos.

Chamar de volta o professor para que assuma o seu posto e conclamá-lo na batalha contra os altos índices de alunos malogrados em seu processo de escolarização não é uma tarefa fácil. Será preciso muito esforço para se olhar e repensar questões de cunho pedagógico e simplificá-las, para fazer "bem feito", como nos disse Azanha. É fundamental que continue havendo denúncias sobre mais essa forma de exclusão exercida por nossa sociedade, como tem feito Patto e outros pesquisadores. É preciso haver empenho e não se dobrar às aparências que julgam como anormais alunos munidos de capacidade intelectual e afetiva, questionando não o *paciente* mas o *olhar* de quem avalia, como vem fazendo Machado e a equipe do Serviço de Atendimento Escolar do Instituto de Psicologia da USP. É preciso, também, auxiliar o professor a não sucumbir a essa sociedade que o avilta, o humilha e o faz crer que ocupa esse cargo profissional não mais por vocação, mas por pura falta de opção.

Esperamos que este livro, ao mostrar para os professores que seus *alunos problema* não são *casos perdidos*, possa contribuir efetivamente para a recuperação da honra e do valor profissional da atividade docente. Que este trabalho colabore para o nascimento de um novo educador, mais maduro e menos queixoso, preocupado em fazer uma mediação entre os seus sonhos e a realidade enfrentada, sabendo acolher e transformando em desafios interessantes os inúmeros percalços que enfrenta em seu dia-a-dia. Um professor que saiba ouvir e mudar seu discurso quando observa que sua fala não está fazendo sentido, um professor que consiga estar junto, que não tenha medo de ocupar seu posto, que não sucumba e perca as esperanças em relação aos seus *alunos problema* ou à sua capacidade de auxiliá-los nas inúmeras questões extracurriculares que têm invadido as salas de aula. Um professor que seja um modelo a ser seguido e que não se renda facilmente ao papel, desprezível, que lhe vem sendo impingido na tentativa de anular sua importância nos processos de transformação social. E que, nem por isso, será convertido no herói do 3º milênio. Só estará de volta ao indispensável lugar de mestre, que se não pode formar todos para o exercício de atividades de terceiro grau (ensino superior), como já fazem muitos países, poderá garantir a todos o ensino fundamental, pré-requisito da cidadania.

7

Referências Bibliográficas

ALAIN – (ÉMILE CHARTIE). *Reflexões sobre educação*. São Paulo: Saraiva, 1987.

ANCONA-LOPEZ, S. *Psicodiagnóstico*: processo de intervenção. São Paulo: Cortez, 1995.

AQUINO, J. G. *Confrontos na sala de aula:* uma leitura institucional da relação professor-aluno. São Paulo: Summus Editorial, 1996.

____________. O mal-estar na escola contemporânea. In: AQUINO, J. G., org. *Erro e fracasso na escola*: alternativas teóricas e práticas. São Paulo: Summus Editorial, 1997.

____________. Ética na escola: a diferença que faz diferença. In: ___. *Diferenças e preconceitos na escola:* alternativas teóricas e práticas. São Paulo: Summus Editorial, 1998.

AZANHA, J. M. P. *Avaliação do rendimento escolar*. São Paulo: Secretaria do Estado da Educação, 1969.

____________. *Uma idéia de pesquisa educacional*. São Paulo: EDUSP, 1982.

____________. Alain e a pedagogia da dificuldade. In: ALAIN (Émile Chartie) *Reflexões sobre educação*. São Paulo: Saraiva, 1987.

____________. *Educação, temas polêmicos*. São Paulo: Martins Fontes, 1995.

BACON, F. *El avanzo del saber.* Madrid, Alianza Editorial, 1988.

CARRAHER, T. N.; CARRAHER, D.; SCHILEMANN, A. *Na vida dez, na escola zero*. São Paulo: Cortez, 1987.

CARVALHO, J. S. F. As noções de erro e fracasso no contexto escolar: algumas considerações preliminares. In: AQUINO, J.G., org. *Erro e fracasso na escola: alternativas teóricas e práticas*. São Paulo: Summus Editorial, 1997.

CASTELO BRANCO, L. M. *O problema da moralidade na teoria de Jean Piaget*. São Paulo, 1979. Dissertação (Mestrado) – Faculdade de Educação, Universidade de São Paulo.

__________. O construtivismo e suas implicações pedagógicas. *Revista da ANDE*, ano 10, p. 13-9, 1991.

CASTRO, A. D. Educação e epistemologia genética. In: CISTO, F., org. *Atuação psicopedagógica e aprendizagem escolar.* Petrópolis: Vozes, 1996.

CAVICCHIA, D. C. Psicopedagogia na instituição educativa: a creche e a pré-escola. In: SISTO, F. F. et alli, orgs. *Atuação psicopedagógica e aprendizagem escolar.* Petrópolis: Vozes, 1996.

COLL, C. *Conocimiento psicológico y prática educativa*. Madri: Barcanova, 1988.

__________. Contribuições da psicologia para a educação: teoria genética e aprendizagem. In: LEITE, L. B. & MEDEIROS, A. A., orgs. *Piaget e a escola de Genebra*. São Paulo: Cortez, 1995.

__________. Piaget e a escola de genebra. In: LEITE, L. B. & MEDEIROS, A. A., orgs. *Piaget e a escola de Genebra*. São Paulo: Cortez, 1995.

__________. *Aprendizagem escolar e construção do conhecimento*. Porto Alegre: Artes Médicas, 1994.

__________. *Psicologia e currículo:* uma aproximação psicopedagógica à elaboração do currículo escolar. São Paulo: Ática, 1996.

COLLARES, C. A. L. & MOYSES, M. A. A. *Preconceito no cotidiano escolar:* ensino e medicalização. São Paulo: Cortez, 1996.

DOMAHIDY-DAMI, C., LEITE, L. B. As provas operatórias no exame da funções cognitivas. In: LEITE, L. B., orgs. *Piaget e a escola de Genebra*. CORTEZ, São Paulo: 1995.

FERREIRO, E. & TEBEROSKY, A. *Psicogênese da língua escrita*. Porto Alegre: Artes Médicas, 1986.

GATTI, B. A atuação do psicopedagogo numa abordagem institucional. *Cadernos PUC*, mar., p. 41-7, 1987.

__________. A formação dos docentes: o confronto necessário professor-academia. *Revista da Fundação Carlos Chagas*, mai, p. 70-4, 1992.

GUSDORF, G. *Professores para quê?* Para uma pedagogia da pedagogia. São Paulo: Martins, 1995.

HERNANDEZ, F. & VENTURA, M. *A organização do currículo por projetos de trabalho: o conhecimento é um caleidoscópio.* Porto Alegre: Artmed, 1998.

HOBSBAWN, E. J. *A era do capital.* Rio de Janeiro: Paz e Terra, 1977.

INHELDER, B.; BOVET, M.; SINCLAIR, H. *Aprendizagem e estruturas do conhecimento.* São Paulo: Saraiva, 1977.

LA TAILLE, Y de. Construção da fronteira da intimidade: a humilhação e a vergonha na educação moral. *Revista da Fundação Carlos Chagas*, ago., p. 68-72, 1992.

LEITE, L. B., org. *Piaget e a escola de Genebra.* São Paulo: Cortez, 1995.

MACEDO, L. Para uma contribuição construtivista. In: ALENCAR, E. S., org. *Novas contribuições da psicologia aos processos de ensino e aprendizagem.* São Paulo: Cortez, 1992.

__________. *Ensaios construtivistas.* São Paulo: Casa do Psicólogo, 1994.

MACHADO, A. M. *Reinventando a avaliação psicológica.* São Paulo, 1996. Tese (Doutorado) – Instituto de Psicologia, Universidade de São Paulo.

__________. Avaliação e fracasso: a produção coletiva da queixa escolar. In: AQUINO, J. G., org. *Erro e fracasso na escola*: alternativas teóricas e práticas. São Paulo: Summus Editorial, 1997.

MACHADO, N. J. *Matemática e educação*: alegorias, tecnologias e temas afins. São Paulo: Cortez, 1995.

MANTOVANINI, M. C. *A psicologia da educação no cotidiano do professor pré-escolar.* São Paulo, 1992. Dissertação (Mestrado) – Faculdade de Educação, Pontifícia Universidade Católica de São Paulo.

__________. A psicopedagogia clínica e a escola: uma parceria ainda em construção. In: Encontro de Psicopedagogos, 4, 1994, São Paulo. *Anais...* São Paulo: Associação Brasileira de Psicopedagogia, 1994.

__________. *O olhar do professor ao diagnosticar dificuldades de aprendizagem: critérios e justificativas para a escolha dos bons e maus alunos.* São Paulo, 1999. Tese (Doutorado) – Faculdade de Educação da Universidade de São Paulo.

MANZANO, J. C. M. & GORDO, N. A autonomia da escola como contribuição à redução do fracasso escolar. In: AQUINO, J. G., org. *Erro e fracasso na escola*: alternativas teóricas e práticas. São Paulo: Summus Editorial, 1997.

MELLO, S. L. & FREIRE, M. Relatos da (con)vivência com crianças e mulheres da Vila Helena. *Revista da Fundação Carlos Chagas*, fev., p. 82-105, 1985.

PATTO, M. H. S. *Psicologia e Ideologia*: uma introdução crítica à psicologia escolar. São Paulo: T. A. Queiroz, 1984.

____________. *A produção do fracasso escolar*. São Paulo: T. A. Queiroz, 1993.

PIAGET, J. *O juízo moral na criança*. São Paulo: Mestre Jou, 3. ed. 1977.

____________. *Seis estudos de psicologia*. Rio de Janeiro: Forense Universitária, 17. ed. 1964.

____________. *O nascimento da inteligência na criança*. Rio de Janeiro: Editora Guanabara, 4. ed. 1966.

____________. *O raciocínio da criança*. Rio de Janeiro: Editora Record, 1967.

____________. *A formação do símbolo na criança*: imitação, jogo e sonho, imagem e representação. Rio de Janeiro: Zahar Editores, 3. ed. 1978.

____________. *Estudos Sociológicos*. Rio de Janeiro: Forense Universitária, 1973.

____________. *A equilibração das estruturas cognitivas*. Rio de Janeiro: Zahar, 1976.

____________. *O possível e o necessário*. Porto Alegre: Artes Médicas, 1986.

PETERS, R. S. Educação como iniciação. In: ARCHAMBAULT, r.d. *Educação e análise filosófica*. São Paulo: Saraiva, 1979.

PIAGET, J. & INHELDER, B. *A psicologia da criança*. São Paulo: Difusão Européia do Livro, 1968.

RAMOS, A. *A creança problema*. Rio de Janeiro: Editora Nacional, 1939.

ROSENTHAL, R. & JACOBSON, L. Profecias auto-realizadoras em sala de aula: as expectativas dos professores como determinantes não intencionais da competência intelectual. In: PATTO, M. H. S., org. *Introdução à Psicologia Escolar*. São Paulo: T. A. Queiroz, 1989.

SOUZA, M. P. R. A *queixa escolar e a formação do psicólogo*. São Paulo, 1996. Tese (Doutorado) – Instituto de Psicologia, Universidade de São Paulo.

VISCA, J. *Clínica psicopedagógica* – epistemologia convergente. Porto Alegre: Artes Médicas, 1987.

____________. *Psicopedagogia – novas contribuições*. Rio de Janeiro: Nova Fronteira, 1991.

ZUNINO, D. L. A *matemática na escola:* aqui e agora. Porto Alegre: Artes Médicas, 1995.

ZUNINO, D. L. & PIZANI, A. P. A *aprendizagem da língua escrita na escola:* reflexões sobre a proposta pedagógica construtivista. Porto Alegre: Artes Médicas, 1995.

8

Bibliografia

AJURIAGUERRA, J. & MARCELLI, D. *Psicopatologia infantil*. Porto Alegre: Artes Médicas, 1982.

ANDRÉ, M. & PASSOS, L. Para além do fracasso escolar: uma revisão das práticas avaliativas. In: AQUINO, J. G., org. *Erro e fracasso na escola*: alternativas teóricas e práticas. São Paulo: Summus Editorial, 1997.

BASSEDAS, E. et alii. *Intervenção educativa e diagnóstico psicopedagógico*. 3. ed. Porto Alegre: Artes Médicas, 1996.

BION, W. R. Uma teoria do pensar. In: SPILLIUS, E. B., ed. *Melanle Klein hoje*. São Paulo: Imago, v.1. 1972.

BISSERET, N. A ideologia das aptidões naturais. In: DURAD, J. C. B., org. *Educação e hegemonia de classe*. Rio de Janeiro: Zahar, 1979.

BLEGER, J. *Temas de psicologia*. São Paulo: Martins Fontes, 1985.

CAMPOS, M. M. *Escola e participação popular*: a luta por educação elementar em dois bairros de São Paulo. São Paulo, 1982. Tese (Doutorado) – Faculdade de Filosofia, Letras e Ciências Humanas, Universidade de São Paulo.

CARDOSO, O. B. O problema da repetência na escola primária. *Revista Brasileira de Estudos Pedagógicos*. v. 13 (35), p. 74-88, 1949.

CARRAHER, T. N. *O método clínico: usando os exames de Piaget*. São Paulo: Cortez, 1989.

DOLTO, F. *Psicanálise e pediatria*. Rio de Janeiro: Editora Guanabara, 1984.

ESPELETA, J. & ROCKWELL, E. *Pesquisa participante*. São Paulo: Cortez, 1986.

FAGALI, E. Q. & Vale, Z. R. *Psicopedagogia institucional aplicada* – aprendizagem escolar dinâmica e construção na sala de aula. Petrópolis: Vozes, 1994.

FERRARI, A. *Analfabetismo no Brasil*: tendência secular e avanços recentes – resultados preliminares. *Revista da Fundação Carlos Chagas*, fev., p. 35-49, 1982.

FIGUEIRA, S. A. *A nova família*. São Paulo: Cortez, 1990.

FREUD, A. *Psicanálise para pedagogos*. Lisboa: Moraes Editores, 1973.

FREUD, S. Três ensaios para uma teoria sexual. In: ___. *Obras Psicológicas completas de Sigmund Freud*. Madrid, Edição Biblioteca Nueva, v. 1, 1973.

___________. Mal-estar na civilização. In: ___. *Obras Psicológicas completas de Sigmund Freud*. Madrid, Edição Biblioteca Nueva, v. 3, 1973.

GOFFMAN, E. *Estigma*: notas sobre a manipulação da identidade deteriorada. 4. ed. Rio de Janeiro: Zahar Editores, 1982.

KAUFFMAN, A. M. *A leitura, a escrita e a escola*. Porto Alegre: Artes Médicas, 1996.

KLEIN, M. O papel da escola no desenvolvimento libidinal da criança. In: ___. *Contribuições à psicanálise*. São Paulo: Mestre Jou, 1974.

KUHN, T. S. *A estrutura das revoluções científicas*. São Paulo: Perspectiva, 1975.

KUPFER, M. C. M. *A relação professor – aluno:* uma leitura psicanalítica. São Paulo, 1982. Dissertação (Mestrado) – Instituto de Psicologia, Universidade de São Paulo.

LAHIRE, B. *Sucesso escolar nos meios populares:* as razões do improvável. São Paulo: Ática, 1997.

LAJONQUIÉRE, L. *De Piaget a Freud*. A (psico)pedagogia entre o conhecimento e o saber. Petrópolis: Vozes, 1993.

LA TAILLE, Y. de. Leitores já: comentando o texto "a leitura, uma questão comunitária", de Jean Foucambert. In: AZEVEDO, M. A. A, Marques, M. L. *Alfabetização hoje*. São Paulo: Cortez, 1994.

___________. A gênese da noção de segredo na criança. *Psicologia–Teoria e Pesquisa*, v.12:3, p. 245-51, 1996.

LÚRIA, A. R. *O desenvolvimento cognitivo*. São Paulo: Ícone, 1990.

MASINI, E. F. S., org. *Psicopedagogia na escola*: buscando condições para a aprendizagem significativa. São Paulo: Loyola, 1994.

MOREIRA LEITE, D. *O caráter nacional brasileiro*: história de uma ideologia. São Paulo: Ática, 1992.

MOYSES, M. A. & LIMA, G. Z. Desnutrição e fracasso escolar: uma relação tão simples? *Revista ANDE*, p. 5-57, 1982.

NOVOA, A., coord. Os professores e a sua formação. Lisboa: Publicações Dom Quixote – Instituto de Inovação Educacional, 1995.

PAIN, S. *Diagnóstico e tratamento dos problemas de aprendizagem*. Porto Alegre: Artes Médicas, 1985.

__________. *A Função da Ignorância*. Porto Alegre: ARTMED, 1999.

__________. *Psicometria genética*. Buenos Aires: Ediciones Nueva Visión, 1974.

PARRA, C. & SAIZ, I., orgs. *A didática da matemática*: reflexões psicopedagógicas. Porto Alegre: Artes Médicas, 1996.

PIAGET, J. & INHELDER, B. *Da lógica da criança à lógica do adolescente*: ensaio sobre a construção das estruturas operatórias formais. São Paulo: Livraria Pioneira Editora, 1976.

POPPER, K. *A lógica da pesquisa científica*. São Paulo: Cultrix, 1972.

SCHULTZ, Z. C. Déficit escolar no ensino primário e suas implicações. *Revista Brasileira de Estudos Pedagógicos*. jul./set., p. 49-109, 1968.

SCHWARZ, R. As idéias fora do lugar. In: ___. *Ao vencedor as batatas*. São Paulo: Livraria Duas Cidades, 1992.

SCOZ, B. *Psicopedagogia e realidade escolar*: problema escolar de aprendizagem. Petrópolis: Vozes, 1994.

VYGOTSKY, L. S. *Pensamento e Linguagem*. Lisboa: Antídoto, 1979.

ZELAM, K. *Os riscos do saber*: obstáculos do desenvolvimento à aprendizagem escolar. Porto Alegre: Artes Médicas, 1993.